客户秒杀术

谭晓明 编著

中国华侨出版社

·北京·

图书在版编目 (CIP) 数据

客户秒杀术 / 谭晓明编著 .—北京：中国华侨出版社，2012.12（2024.5 重印）

ISBN 978-7-5113-2952-3

Ⅰ.①客… Ⅱ.①谭… Ⅲ.①企业管理 – 供销管理 Ⅳ.F274

中国版本图书馆 CIP 数据核字（2012）第 258494 号

客户秒杀术

编　　著：	谭晓明
责任编辑：	唐崇杰
封面设计：	周　飞
经　　销：	新华书店
开　　本：	710 mm × 1000 mm　1/16 开　　印张：12　　字数：136 千字
印　　刷：	三河市富华印刷包装有限公司
版　　次：	2012 年 12 月第 1 版
印　　次：	2024 年 5 月第 3 次印刷
书　　号：	ISBN 978-7-5113-2952-3
定　　价：	49.80 元

中国华侨出版社　北京市朝阳区西坝河东里 77 号楼底商 5 号　邮编：100028
发 行 部：（010）64443051　　　传　　真：（010）64439708
网　　址：www.oveaschin.com　　E - m a i l：oveaschin@sina.com

如果发现印装质量问题，影响阅读，请与印刷厂联系调换。

相信在每一位销售人员的心中,都有一个"秒杀"客户的梦想,这里所说的"秒杀",就是指在面对每一位客户的时候,都能够做到快速识别、快速反应、快速成交。然而就是这三个简单的"快速",却值得每一位销售人员用毕生的努力去追求,去实现。真正理解销售工作的朋友都明白:销售其实是一门艺术,关于表达的艺术,关于沟通的艺术,关于运筹帷幄的艺术。销售之路上的每一个脚步,每一个技巧,每一次经验,都是浸透辛勤汗水闪闪发光的艺术品,只有真正拥有它的人才能体会到它的美丽和它所带来的快乐。

在如今这个一切都讲究高效率的时代,"秒杀"一词的出现频率越来越高,销售人员已经不仅仅单纯地去追求成交率和销售利润,促成销售搞定客户的效率也成了销售人员所追求的指标之一。那么,作为销售人员,如何提高自己的销售效率?如何去快速分辨眼前的客户有没有成交意向?如何快速地把自己以及产品的魅力展现给客户?如何在销售过程中及时修正自己的销售策略?如何在与客户的周旋中快速把握客户心理?如何在面对销售挫折的时候快速反应并重建信心?如何快速把握客户的成交意愿把每一笔销售都完成得滴水不漏?这一个个问题,都是摆在每一位销售人员面前的试卷，等着我们去写下答案。

可以这样说，如今的销售工作已经成了高难度、高技术、高技巧、高专业化的职业。作为销售高手，既要考虑去满足客户的需求，又要达到创造利润的目的；既要让不同需求不同领域的客户满意，又要为公司和个人赢得口碑。如今的销售人员，需要有心理学家的缜密，谈判高手的应变，策划大师的运筹……对于销售人员来说，有时候一个细节的处理稍有闪失就可能让辛苦跟踪的订单化为泡影。要想取得好成绩，销售人员必须将每一次销售做到最精、最细、最实、最密；没有最好，只有更好，销售人员要时刻注意努力地提升自己的销售技能和推销水平，在越来越激烈的销售竞争中，打造出属于自己的核心竞争力。

本书立足于实践，着眼于细节，从接触客户的第一步开始，一直到成交之后的客户维护，力求做到剖析销售过程的每一处细节，无论是总结挖掘客户资料，还是具体销售中与客户的沟通技巧，都做了具体详细的总结与分析；同时对于销售人员在销售过程中的各种情境，有针对性地介绍了各种方法和技巧，内容全面而实用，其中包括销售人员塑造自身形象的技巧、用产品说服客户的技巧、与客户沟通的技巧、展示与介绍产品的技巧、回答客户提出异议的技巧、建议客户购买与促成交易的技巧和售后跟踪服务的技巧，可以说是包罗万象，事无巨细。

希望每一位销售人员，无论是初入销售行业的新手，还是在销售行业拼搏多年的老手，都能够从这本书中找到有用的东西，有所收获。在迈向一个个销售纪录的拼搏之路上，通过阅读本书给大家提供些许的帮助和动力，是笔者唯一的目的，也是最大的心愿。

01 精确制导，准确锁定客户群

耳听八方，掌握最为详尽的客户信息 //002

多方了解，洞悉客户内心的真实需求 //006

顺藤摸瓜，汇总信息找出客户主脉络 //010

广结良缘，人脉之中筛选目标群体 //014

寻觅捷径，善于利用各种信息化工具 //019

02 展示自我，给客户良好的第一印象

巧用直觉，引导客户"跟着感觉走" //024

多多益善，不要吝惜自己的溢美言辞 //028

释放激情，用热情激发自我感染力 //032

求同存异，找到交谈切入点顺势得好感 //037

最终目标，成为客户最值得信赖的朋友 //041

巧妙规避，营销应该避免的事情

学会倾听，给客户一个畅所欲言的机会 //046

巧妙应对，沟通中把握交流话题的分寸 //050

表里如一，口是心非的人难以获得青睐 //055

委婉表达，直言反驳是客户鄙夷的行为 //059

信守承诺，可以不开口但要说到做到 //063

运筹帷幄，打好客户心理战

投其所好，了解客户所想满足客户所需 //070

初次约会，重视客户对产品的初步认识 //074

创造条件，言谈中提升产品的价值品质 //078

面面俱到，着重介绍产品的具体优点 //082

目录

声东击西，谈产品之前先培养点感情 //086

谆谆善诱，激发客户对产品的了解欲望 //091

05 锦上添花，把握销售促成技巧

首要前提：全面了解客户的购买意向 //096

反客为主，帮助客户挖掘潜在需求 //100

精心梳理，洞悉客户内心的购买动机 //104

以人为本，合理运用人脉关系促成订单 //108

能言善辩，给客户提供更好的解决方案 //112

06 从容应对，冷静面对客户拒绝

善于隐藏，客户面前不要展现你的焦虑 //118

以退为进，留得青山在，不怕没柴烧 //122

分类对待，对客户进行量体裁衣式服务 //126

尽在掌握，始终把握与客户沟通的主控权 //131

处变不惊，不断总结经验以不变应万变 //134

03

 一锤定音，把握成交最佳时机

宠辱不惊，成交在望更要保持淡定心态 //140

不能出圈，牢记那些必须坚持的营销原则 //144

胆大心细，迎难而上成功辨识成交信号 //148

放大共识，避开那些影响成交的"雷区" //152

雪中送炭，特殊时刻不要忽略救兵的力量 //156

 继续扩展，秒杀之路没有终结

回到起点，秒杀不是结局而是崭新开始 //162

维系关系，保持沟通拉长线钓大鱼 //166

笑对抱怨，不会抱怨的客户不是好客户 //170

不断改进，与产品一起稳步提升不断成长 //174

人脉至上，开发客户资料用财富创造财富 //179

01
CHAPTER 1

精确制导，准确锁定客户群

客户是营销的根本，相信每一个做营销的朋友，都常常会问自己以下的问题："今天的客户在哪里？下一个客户在哪里？明天的客户在哪里？未来的客户在哪里？"面对来来往往的客户，或者是拿着厚厚的客户资料，如何迅速找出属于自己的潜在客户，是每一个销售人员所追求的至高境界。

耳听八方，掌握最为详尽的客户信息

营销成功的绝密因素便是掌握客户信息，所谓信息是营销时代的试金石，只有了解到客户详细的信息，才方便你在营销中选择说话办事的技巧。一个营销高手更是会将客户信息看得比什么都重要。

营销的主要手段是"说"，即把产品的特性以及给客户带来的利益说给客户听，并最终让"说"的行为升华为理念的交流沟通，理念的头脑植入，最终让客户从内心接受我们的理念和产品。但是在这个过程中，绝对不能只顾着"说"，而忽视了营销中更重要的一点"听"，优秀的销售人员，不但要会说，更要会听，因为交流始终是双向的，"销售不是一个人说话，而是两个人对话。"既有信息的输出，也有信息的采集录入，只有同时把握好这两种能力，才能把营销工作做到完整、完美。

当然，要了解客户的信息，最好的办法就是通过交流，认真地去聆听客户的语言，但是"聆听"并不是一件容易的事情，要成为一个营销高手，首先要学会"听"的重要性，更要明白自己"听"的重点。并且，在客户说的过程中，你会吸收很多的信息，那么怎么样来消化信息，怎么样来选择信息呢？这些都是营销人员应该学会的。

（一）学会"听"的重要性

聆听的能力本来就是一种情商范畴内的能力，学会聆听并尊重说话者也是人与人交流中最基本的素质和能力。销售工作中，在不断的实践跑单中，我们不仅需要尊重客户的见解，更需要理解客户的见解，因此学会听客户的言语不仅体现了我们对客户的尊重，更能体现我们对客户的重视以及我们的礼貌程度。从潜意识的角度来说，不管是什么客户，特别是大客户，通常格外重视人的素质和修养，他们的第一印象是非常重要的，穿衣只能表达形象，言谈只能表达口才的好坏，而学会聆听别人说话才是优秀的销售人员应该具有的内在素质。

我们可以通过聆听来洞察客户心理，客户的言语不仅能够表达客户对订单的理解和重视，更能从中了解客户对订单重视程度的多少，客户说的话越多，我们越能观察出客户的心理，客户需要的是什么，客户要投资的意向，客户对我们产品以及订单的理解程度，我们只有通过聆听从客户的言语中来理解，也只有这样，我们才能根据客户所透露出来的信息做出针对性的策略。

学会聆听还可以帮助我们更加细致地了解客户遇到的烦恼，在不断地和客户接触的过程中，从客户的言语中我们不仅可以知道客户对我们的产品和订单的见解，还能发现客户对这个订单存在的烦恼，从促成订单的角度来考虑，如果你能把客户遇到的烦恼解决了，那么对于促成订单可谓是事半功倍。

学会聆听也能让我们更加客观详细地了解自己的销售工作进展情况，如果我们做到了以上几点，那么在最终成交的时候我们更应该去多听听客户的意见，毕竟客户对产品的意见是最直接最专业的，只有我们不断地与客户接触，我们才能更多地了解客户的产品知识，也只有我们对知识足够的了解，我们才能做好日后的销售工作。

（二）销售细节"听"出来

客户在对一件产品有购买预期的时候，往往意味着，他们有这方面的产品功能需要，之所以有功能需要，是因为被问题所困扰，购买具有此功能的产品，不但可以解决客户的困扰，而且可以带来轻松愉悦的体验。因此，在聆听客户的过程中，我们要着重留心这些客户的"痛苦点"以及"兴奋点"。客户很多时候购买产品，实际上是在购买问题的解决方案，我们通过聆听客户的叙述，可以得知客户的困扰，以及对于产品功能的预期，获取这些信息之后，我们就可以运用销售策略，重点体现客户对于无法实现功能的困扰和烦恼，这样在某种程度上可以增加客户对产品采购的紧迫程度，有助于更快地成交。而同时我们也要重点描述产品的功能将会给客户带来的便捷轻松以及愉悦的产品体验。

这些对于成交非常有帮助的信息都是在聆听客户的过程中获取的，很多时候客户并不会直接对我们描述这些，但是一个懂得聆听的营销高手擅长从"听"到的许多细节中挖掘这些信息。例如当客户感觉到痛苦或者兴奋的时候，通常会在对话中通过一些字体现出来，例如"太"好了、"真"棒、"非常"不满意、"怎么"可能，等等。这些字眼都体现了客户潜意识中对于产品以及销售的导向和看法，我们在聆听的过程中，一定要格外留意这些细节。

（三）如何消化"听"到的信息

聆听有助于我们理解客户对产品的看法，很多时候客户对于产品的接触并不多，很多客户都不了解产品的基本性能，那么我们想要促成销售，必须通过与客户的对话了解客户对产品到底了解多少，如果客户对产品根本都不了解，我们就需要对客户解释。即使客户了解，也要看了解到什么程度，从实际的销售过程中我们应该都懂得，了解产品的客户我们销售会容易很多，这个完全取决于我们对产品特性的表达程度。

很多时候客户的话语直接反映了客户对于销售的看法以及预期。有可能好多客户都接受过不止一次地推销以及产品介绍，我们从客户的回答中可以了解到更加广泛的商业信息，例如通过客户对于产品的定位分类，以及评价等方面的话语，可以推断出客户都接触过哪些竞争对手的产品甚至是销售人员，获取了这些信息，有助于我们更加具体地制订下一步的推销计划。很多时候客户头脑中对于产品的概念以及观念都是销售人员在一次次的解说当中不知不觉灌输进去的，而反过来这些概念和观念也可以被我们用来分析利用，为我们的销售工作提供更多的帮助。

小结

很多时候，对客户语言的理解只有我们在实际的销售工作中才会有更深刻的体会，所以只有不断地在实际的营销过程中去聆听，去分析，去吸收，才能对于营销中的聆听有更加深刻的了解和把握，才能更加得心应手地运用"听"这一技巧去推动我们的销售工作。

多方了解，洞悉客户内心的真实需求

了解客户的真实需求，在整个营销过程中是非常重要的一个环节，因为，一旦我们掌握了客户的真实需求，我们就能运用手中的资源，去帮助他们获得期望的结果，此时，我们就会变成一个值得他们信任、保护他们的顾问，他们也有充分的理由成为我们的终身客户。

如果你想要了解客户的真实内心，一定要懂得站在客户的角度去思考问题，这是个不错的办法，这样做不仅能够让你弄清楚客户的思想，更有助于你为对方提供适合对方的产品和服务。

一个合格的销售员一定要明白的道理就是：闭门造车，关起门来做出的决策，并不能代表客户所想。针对一件产品，它在客户眼中是什么样子的？客户对它的功能了解如何？产品定位是否能得到客户的认可？这些问题都不可能是坐在办公桌前通过查阅资料就能得出答案的，必须与客户有深层次的沟通和交流，才能从中了解到客户对于产品的真实想法。因此，要把思考力放在客户身上，这是洞悉客户内心的首要前提。

所以一个优秀的销售人员要注意培养销售工作中的三种能力，即思考能力、决策能力和执行能力。在日常生活中，人们常常闭门造车，凭借想当然来推断事情的发展；关起门来做决策，用自己的想法去替代市场的实际情况来下判断、做决策，这显然是不对的。我们要仔细分析市场，清楚地掌握客户在想什么，把全部的注意力都放在客户身上。这样才能做出更符合实际的决策。

很多销售人员推销失败，并不是因为自己的产品不好或衣冠不整，大多数情况是因为完全站在了自己的立场上，根本不替对方考虑。他们恨不得一股脑儿地把自己知道的产品信息"复制、粘贴"到客户脑子里，而不是耐心地循序渐进地切入话题。如果不考虑客户的感受，不理会客户是否真的需要，那么即便客户肯花时间听你介绍，也会左耳听、右耳冒，不会记在心里。

很多时候，你并不了解客户是什么样的思想，客户也不会轻易地告诉你自己的观点。所以说此时此刻你要做的就是通过各种方法了解客户的真实内心，那么这个时候，作为销售人员，你不妨选择一个距离客户最近的地方，因为离得越近看得越清楚，这个道理可是很有用的。

沃尔玛百货有限公司由美国零售业的传奇人物山姆·沃尔顿先生于

1962年在阿肯色州成立，目前已成为世界上最大的连锁零售企业。山姆·沃尔顿先生在视察他的店面时，总是喜欢站在门口的位置。他说，公司究竟存在什么问题，客户对公司有什么看法和意见，一定要站在门口的位置才能发现。例如一家酒店最容易出现问题的地方一定是在它的大堂，所以一个酒店一定要有一个大堂副经理，这个大堂副经理的职能和目的就是替酒店经理去观察这个市场。

可惜实施情况是，很多大堂副经理通常只是坐在电脑跟前写公文或看文件。一个称职的大堂副经理一定要站到大堂的中间去观察整个大堂，看它发生了什么事情，就像山姆·沃尔顿那样，站到门口去观察客户发生了什么事情。所以，销售人员应该跟市场接近，应该站在销售的最前线时刻观察市场中发生了什么事情，注意客户在想什么，只有如此，才能了解到客户的真实需求，并从中寻找成交的机会。

销售面对的是客户，我们要想成功销售出产品，除了要有计划，要了解产品的相关知识外，最重要的是要知道客户在想什么。在与客户沟通之前，销售人员必须认识到，对于产品，客户心中必然会有一连串的问题，这些问题不一定会被清晰直接地提出来，但如果得不到令其信服的解答，我们就可能失去客户。那么，这些未被说明但又十分关键的问题究竟是什么？我们又该怎么回答呢？

实际情况是：我们首先需要回答的问题是"我为什么要听你讲？"如果销售人员无法激发起客户的兴趣，那么很容易就会出现客户注意力分散的尴尬场面，而这次会面也可能成为对该客户的最后一次拜访。因此，销售人员必须以实物或戏剧化的过程抓住客户的兴趣点。

而客户的第二个问题往往是："这是什么？"在回答这个问题的时候，

优秀的销售人员应该从客户利益方面出发来解释说明，而不是从产品本身的技术特点方面回答。比如，我们给企业推销一个新的耗材品牌，最好首先分析一下我们的产品能带给他们哪些利益，这是最能够引起客户关心的方面。

接下来的第三个问题是"那又怎么样？"这是许多客户尤其是比较挑剔的客户经常使用的一个问题。例如：本地区最大的企业在使用我们公司的耗材产品，"那又怎么样？"本公司提供24小时上门服务，"那又怎么样？"公司采用国际上先进的全自动化流水线作业，"那又怎么样？"同样，这里仍然需要紧扣客户所关心的利益来解释，而且要尽量使用客户熟悉易懂的语言来说明这些优势能给他们带来哪些利益，因为只有利益才是与客户密切相关的。

最后一个问题通常是"口碑如何？"在了解了产品大致的特性以及有可能给自己带来的利益之后，人们通常会惯性思维地想到这个问题。除了销售人员，还应有当地某位有声望的人说我们的产品或服务确实像我们销售人员说的一样好，以及"除了我之外，还有谁买了？"尤其是面临较大的购买风险，而客户对产品知识的了解以及使用经验又有限时，如果我们有大批感到满意的用户作实证，会令潜在客户放心，从而愿意购买我们的产品。否则，他们会产生怀疑，进而在心里竖起一道无法逾越的墙。

作为优秀的销售人员，我们一定要知道客户心中的问题，在与客户交流沟通的过程中，通过我们循序渐进的解释甚至是主动询问等营销过程中至关重要的环节，正确回答这些问题并引导客户从内心产生对产品的信任和依赖，就能促成我们的生意。一旦我们获悉了客户内心的真实想法和需求，就说明我们已经得到了客户的信任，在销售工作中，客户的信任无疑是订单的通行证，获取了客户的信任，就等同于获取了订单。

小结

在我们真正采取销售行动之前，首先应该想方设法地了解客户内心真实的需求，并猜测对方有可能产生的想法，甚至可以通过试探来验证哪一个才是客户真正的内心需求，从而在进一步开展销售工作时能够最大限度地避免判断失误，少走弯路，促进销售成功。

顺藤摸瓜，汇总信息找出客户主脉络

为了了解客户的信息，多花点精力和时间也是值得的。在你无法直接寻找到适合客户的信息的时候，不妨沿着蛛丝马迹，对客户的信息进行进一步的分析，顺藤摸瓜，然后找到客户信息的主脉络。

对于每一位销售人员来说，处理庞大的信息量是最为头疼的事情之一。众所周知，销售在相当大的程度上是建立在人脉之上的，因此销售人员都格外重视人际关系信息的搜集和保存，尤其是当今社会高度信息化，人与人之间、企业与企业之间的沟通交流变得空前便捷，销售人员在获取客户信息方面也变得格外容易，但同时也带来了一个弊端，即增加了客户信息处理的难度，如何从繁杂的客户信息中有效地甄别出有开发价值、属于自己的客户群，也成为一项颇有难度的营销技巧。

很多时候，企业要实现以"客户为中心"，就必须了解客户背后的故事，这不仅仅是客户名录中的一行电话、姓名等简单信息，而是要包括客户企业行业、规模、经营模式等相关内容。只有让我们的销售人员了解了这些数据，才能帮助他们在跟进客户进行洽谈沟通的时候更得心应手，胜利而归。

（一）对客户信息的了解必须详细深入

客户资料永远是复杂的，很多时候，客户的身份并不固定，有可能是个人，也有可能是企业、公司、政府部门，等等，如何整理客户资料中的各种项目，是一项复杂而艰巨的任务。那么，我们应该从哪些方面来整理客户信息呢？

首先，最基本的资料即客户名称，从客户名称中可以知道这个客户是个人还是企业，是属于国内的企业，还是日本、欧美的企业。然后是公司地址，如果你对本地区熟悉的话，从地址的位置上，你就可以推断出客户规模的大小。

如果客户是企业的话，一定会有企业网址。如今是网络时代，我们可以通过网络系统地研究这个企业，值得强调的是，我们一定要注意研究客户的网站，这里面往往能够暴露出很多对我们有价值的信息。此外还有客户产品，客户也是通过他的产品为他的客户服务，所以，我们有必要了解一下客户的产品，同时，我们甚至需要去了解一下客户的工作现场，在客户情况比较复杂的时候，我们甚至还需要了解客户在行业里面的位置，是属于领导者、影响者还是追随者等信息。

如果客户是个小公司，你则需要了解这个公司的组织结构，如果客户是个大公司，或者企事业单位，政府部门，你需要了解参与岗位的所有人之间的组织结构关系。组织结构图相当重要，就像是行军打仗时的作战地图一样，结构图上的每个点都有可能是我们要攻关的对象。了解这一点很重要，有时候，很多销售人员销售进程进展到一半的时候就中断了，经理问他为什么没机会了，他也回答不出来，因为他根本不知道随后的工作该怎么进展，该与谁联络，这时候如果遇到竞争对手的销售高手，直接从客户高层入手，就很快能够让你出局。

（二）客户信息没有公私之分

一名优秀的销售人员必须兴趣广泛，这样有利于同更多的客户进行交流，而且能谈不同的话题，这对于拉近和客户的关系是非常有价值的。而且有利于我们搜集关于客户更加细节的资料信息。

具体而言，销售人员要掌握哪些兴趣爱好，则由你接触的客户群体决定，如果你接触的客户群体大多是一些高级白领，那么他们会对时尚、流行、品牌等感兴趣一些；如果你接触的是企业的老板，他们对商业、管理、领导、股票、财经、政治感兴趣一些；如果你接触的是老年客户群体，他们对健康、伦理、小孩教育会感兴趣一些；还有，如果你常常需要陪客户应酬喝酒，则需要对酒文化有一些研究。

而客户的"性格特征"也属于我们必须总结的一类客户信息。在销售过程中，我们需要了解自己的客户有着什么样的性格，这样才能在实际的沟通中采用适合不同客户的交流方式，有些时候，"这个客户很难沟通"通常意味着：不是客户难以沟通，而是我们没有找到与他性格合拍的沟通方式。有的客户性格开朗活泼，这样的客户喜欢表达自己的想法，作为销售人员就需要让他说个够，他需要一个专心并且耐心的听众，而且尤其喜欢别人赞美他。有的客户性格比较沉闷一些，这类客户不太喜欢讲话，作为销售人员就需要引导其说话，否则，我们就没有办法获得更多的信息，同时，这类客户不太愿意主动做决定，需要我们去推动他做决定。有的客户性格比较强势，这类客户一般非常有自己的主见，有自己的思想，而且通常都比较固执，喜欢自己做决定，不喜欢业务员催他；还有一种性格的客户是完美型的，做事非常认真细致，非常理性，他有自己的行事时间表，不希望业务员过多地打扰他，他喜欢看数字说话。

当然客户的性格非常复杂，不是一时半会儿能够统计清楚的，而且实际销售过程中的情况非常复杂，就算同一个人在不同场合、不同时间，也会有不同的性格表现。我们都需要有细致的了解和把握。这些相对比较"私人化"一些的客户信息，都是一名优秀的销售人员所需要统计并且详细记录在客户资料信息里的。因为这些细节化个性化的客户信息，有利于我们更加全面地把握客户，有利于我们更加清晰地整理客户脉络，在繁杂的客户资料列表中随时找到自己所需要的资料和信息。

小结

全方面掌握客户的各种信息，往往能成为销售人员优秀业绩的基础支撑，如果我们能从客户的角度去思考，去了解他们日常生活中方方面面的细节，了解他们对于产品功能的各种需求，那么就能从小见大，一步步掌握市场的需求。所以理清并抓住了客户脉络，就等于抓住了企业市场，抓住了我们的未来。

广结良缘，人脉之中筛选目标群体

缘分在很多时候是不可不信的，所以说作为营销人员就应该广结良缘，而这里的良缘就是指不断地扩大自己的人脉网和交际网，让更多的人认识自己，与此同时，自己也能够认识更多的目标受众。

从某种意义上来讲，营销的本质就是经营人脉关系。因为营销的过程必然要经过人来完成。对于一个公司来说也是如此。无论是产品、价

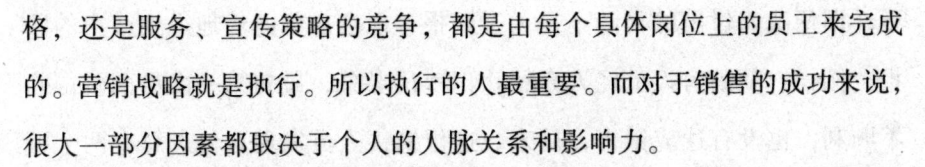

格,还是服务、宣传策略的竞争,都是由每个具体岗位上的员工来完成的。营销战略就是执行。所以执行的人最重要。而对于销售的成功来说,很大一部分因素都取决于个人的人脉关系和影响力。

当然,在人脉关系中不仅仅包括自己的朋友和大众客户,有的时候我们的同行即竞争对手也可以成为销售人员重要的人脉资源。其他企业训练有素的销售人员通常比较熟悉消费者的特性,我们可以寻找机会和他们成为朋友,向他们学习。即便是竞争对手,也可以成为朋友,这样会收获很多经验和人脉资源。

当然,有时候营销的成功与否,并不是单纯的销售问题,而是一个营销的问题。特别是市场推广工作或者人脉关系公关不到位的话,对于销售过程和结果的影响是非常大的。那么,我们应该怎样入手去建立自己的销售网络或是销售人脉呢?

(一)人脉带来的利益是相互的

建立人脉,关键在于能带给对方什么样的利益。利益始终是我们必须考虑的话题。无论是具体的物质利益或是人际关系方面的利益,有利益才有人脉的结合。曾经有位做销售的朋友,与一位特别喜欢下象棋的采购很合得来,原来两个人在对弈中居然找到了不少乐趣。这些乐趣,不但给双方带来心灵上的愉悦,也促进了销售的达成,当然也可称之为"利益"。

在我们结识新的客户之后,应该多关心客户所关心的事情,并且要主动为客户创造价值,帮助客户解决困难,为客户寻找机会,这种情况下，即便我们付出的目的不是为了回报，也会自然而然地得到客户的回报。例如：某销售人员经人介绍认识一位老总，最初第一次见面聊得并不顺利，也没有达成销售，后来，这位销售人员发现这位老总有两个可爱的孩子，都上初中，成绩一般，老总很是烦恼，了解到这一情况后，她便动用身边的关系找到一位优秀的老师为老总担任家教，在学期期末考试出来后，成绩非常满意，老总把销售人员叫到办公室，对她说："以后我们公司的办公品采购就交给你了。"这位销售人员凭借人脉的操作成功与客户达到了双赢。

（二）要善用人脉资源

在我们生活工作的社会中，人脉资源其实是一种潜在的无形资产，是一种潜在的财富。社会中的每个人都有一定的人际关系，而销售工作就是一个建立良好的人际关系并加以充分利用的过程。

人际关系学上有这样一个说法：在每个人的背后，都大约站着250个人，这是与他关系比较亲近的人：同事、邻居、亲戚、朋友。这样算起来的话，如果一个销售人员在一年的一个星期里见到50个人，其中只要有两个客户对他的态度感到不愉快。到了年底，由于连锁影响，就可能有5000个人不愿意和这个推销员打交道。他们可能并不了解这位销售人员，但是他们都会知道一件事——不要跟这位推销员做生意。

这就是乔·吉拉德提出的250定律。由此，乔·吉拉德得出一个结论：在任何情况下，都不要得罪任何一个客户。同样道理，如果我们的销售工作可以得到一个客户的好评，那么，他会把这个好评传递给自己身边的亲朋好友。因此我们不能忽视任何一个客户，即使是没有成交的客户，他们依然有着很高的人脉价值，善用这些潜在的人脉资源，对于提高业务成绩，有着不可忽视的重要作用。而实践也证明，客户引荐法是一种相当有效的寻找潜在客户的方法，它不仅可以大大地避免寻找工作的盲目性，而且有助于销售人员赢得新客户的信任。

（三）如何寻找人脉

那么，如何扩展我们的人脉，不断寻找新的人脉关系呢？首先，平时如果有公司的聚会或者同学以及老乡的聚会，应该多去参加，在聚会中建立的人脉关系对于做决策，发展事业是很有帮助的，如果你们是同行，可以彼此交换心得，探讨行业发展趋势，了解更多业内资讯。如果不是同行，他很有可能成为你的客户。聚会与活动中可以培养深厚的友情，世界权威统计表明，世界上所有谈判80%是直接或间接地在饭桌上完成的。聚会中一般会谈到的内容是：自己的一些情况，可以为对方带来什么好处，可以提供什么样的优质服务。这在某种意义上来说，比耗费人力金钱去投入广告来得更加有效，更加有针对性。

很多时候，人脉上的维护和拓展范围会扩展到客户或者朋友的家庭成员，如果把人脉工作攻入客户的家庭，绝对是非常有意义的一件事情，而且一旦客户的家庭接纳你，那说明客户在心里已经将你作为朋友对待了，而从客户关系上升到朋友关系是一个非常有决定意义的跨越，只要是朋友，很多事情都好说。

在销售前期，深入客户家庭，可以帮助你达成销售；在销售后期，深入客户家庭，可以帮助你很好地维护这个客户，以便持续成交，甚至帮忙转介绍。所以，如果有可能，你需要了解客户家庭的构成情况，利用周末时间与客户家庭组织一些联谊活动，例如：唱唱歌、打打球等都是很好的做法。

此外我们还可以通过很多途径来了解客户的人脉状况，例如打入客户参加的人脉圈子；将客户带入你的人脉圈子并让其从中受益，慢慢地你会发现，你的人脉关系变得越来越完善，最后的情形是：做生意只不过是你社交和生活的一个副产品。当然，很多新入行的销售人员可能没有办法做到这一点，因为人脉需要慢慢积累，如果想要在营销行业有所作为有所建树，请做好长跑的准备。

小结

人脉关系很重要，成功人士成功的重要原因之一就是他的人脉网络比其他人更庞大，人脉关系可以为销售人员带来巨大潜在价值。这种价值可能不一定会马上显现，可能以一种潜在方式存在，但在一定条件下可以进行转化。总之，只要留心，处处都有重要的人脉资源，随时随地可以开发新的人脉资源。做个有心人，让人脉资源这笔宝贵的财富为我们带来无穷无尽的销售机会。

寻觅捷径，善于利用各种信息化工具

或许很多人会说要实现成功并没有捷径可走，但是对于营销人员来讲，善于去利用各种信息化的工具和高科技就是一种营销必不可少的手段。这种手段对于今天的客户来讲，是十分有力的"武器"。

当今社会高度信息化，这对于销售人员来说，是件好事，因为信息化让搜集客户资料成了一件相对简单和轻松的事情。无论是移动通信，还是QQ、论坛、博客，以及各种专业性比较强的圈子，都可以通过互联网轻而易举地获取信息，可以说在这个空气中充满了资讯的时代，我们同样可以从空气中找到我们需要的客户资源，那么，我们应该如何运用这些信息化工具去为我们的销售事业服务呢？

靠"扫街"以及面对面拜访去搜集客户的日子是多年前老销售人员经历过的一个难忘的时期，如今，虽然这些手段依然存在，但是已经不再是我们搜集获取客户的主要手段了。互联网时代已然到来，宽带，无线网络，让我们随时随地可以接入互联网，浩如烟海的互联网资讯以及形形色色的功能软件都能给我们搜集客户的工作带来莫大的便捷，我们一定要善于利用各种手段去搜集客户资料，提高工作效率。

（一）各种黄页以及企业的宣传资料

各种电话以及企业黄页、报纸、杂志，各种行业的DM资料、会刊等等，都是我们获取客户信息的好地方。如今的企业都非常重视宣传工作，也有很多专门的机构去归纳整理各个行业内的企业情况，并整理成册，这都给我们搜集客户资料提供了很大便捷。另外，我们还可以去图书馆、大型书店等地方寻找客户资料，因为这些地方是那些出于宣传阶段企业重视的地方，得到的信息通常都比较准确而且及时，很容易跟进。值得一提的是，不建议过分依赖黄页，因为黄页被销售人员使用的频率比较高，也就是说受骚扰的概率高，销售的难度通常都比较大。

（二）各种企业展会和商贸会议

如今，营销界的各种行业展会多如牛毛，每年甚至每个月都有数不清的各种形式的行业展会，这样的展会我们一定不要轻易放弃，因为展会通常有许多其他手段无法比拟的优势，最明显的就是行业内公司比较集中，再者就是一般都会有公司负责人在现场，比较容易交流并建立联系。大家都会主动发放名片，有助于我们在短时间内搜集大量的名片。还有就是，从人脉的角度来说，在展览会上认识，对于建立第一步联系会相对容易，因为对方在展会上的目的也是寻找商机，大家有着共同的目标，沟通起来效率也会格外的高。

因此，只要是与行业有关的展会，都要尽量去参加，即使因为展会在很远的城市而无法去参加，那么也要通过其他途径购买一本会刊，因为积极参展的企业通常都比较活跃，而且愿意宣传和接受信息，会创造更多的合作机会。我们必须明白：必须多种手段相结合，才能在搜集客户资料的时候起到互补互利的作用。

（三）掌握互联网搜索的技巧

通过网络搜索获取客户资料无疑是如今的销售人员使用最多的一种途径。许多专业的网站上的会员资料非常详细，但是有些网站的会员资料保密，如果觉得确实对自己非常有用可以考虑付费购买，但是也有很多电子商务型的网站的会员资料还是公开的，这些网站要适时收藏，定期登录，一般不建议使用什么资料搜索软件搜索资料，因为这些软件在搜索过程中可能会插入大量的垃圾资料。网上也有中文搜索引擎可以用，但是大都速度慢，效率很低。

我们可以通过一些特定的关键字去搜索，例如，在百度输入我们要找的客户的公司产品名字，就可以获得很多间接客户的资料。我们也可以通过一些专业的网站来找客户，如阿里巴巴等。这些网站可以找到很多客户的名单资料，而且还可以找到老板的手机号码和姓名等，对于搜集客户资料都有很大帮助。

（四）用专业化的工具记录分析客户资料

那么，当我们利用以上这些技巧，搜集了大量的客户名单之后呢，我们该如何去整理筛选出符合自己要求的客户呢。在搜集到大量客户资料的情况下，我们不妨做到以下几点。

搜集到的客户资料要按地区、行业归类，登记。利用数据库软件等可以十分便捷地做到这一点。再者就是要对搜集到的客户资料做好备注信息，例如在什么样的情况下得到的资料，等等，有助于我们日后对于资料信息的回忆和利用。这些备注信息会给我们的客户资料整理工作带来非常大的便捷。而且专业化的工具会有许多分类以及提醒功能，使用这些工具可以直接分类出特定类型的客户，并且有助于我们对客户资源进行长期的保存和管理。

当然，我们还可以搜集一些在招聘类网站发布招聘信息的企业资料，从招聘的内容以及规模上可以判断一个公司的规模，甚至得到相关人员的电话资料等。这对于我们的营销工作来说会有意想不到的收获。

小结

营销工作的第一步就是客户资料的搜集工作，作为销售人员，我们的目标十分明确，就是要找到有需求的客户，并且满足他们的需求。而搜集客户资料的阶段就是搜集"有需要、有潜在需要"的客户。搜集资料的首要原则就是"韩信用兵，多多益善"。而搜集之后，我们还需要进行整理筛选等工作。在这个过程中，我们要善于借助信息化的工具来提升我们的工作效率，这是一个优秀的销售人员所必备的职业素质。

02

CHAPTER 2

展示自我，给客户良好的第一印象

在人与人的交往中，第一印象十分重要。第一印象的概念在心理学上称为“最初印象”，是指人们在初次见面时对他人形成的印象，据说人们在初次见面的 45 秒钟内就能形成第一印象。而且这最初的印象能够在对方的头脑中形成并占据着主导地位。简单地说，就是和他人初次见面进行几分钟谈话，对方在你身上所发觉的一切特征，包括仪表、礼节、言谈举止，对别人的态度、表情、说话的声调、语调、姿态等诸多方面。人们会根据这些信息形成对你的基本评价和看法。第一印象一旦形成，便很难改变。对销售人员来说，第一印象犹如生命一样重要，你给客户的第一印象往往会决定交易的成败，客户一旦对你产生好感，自然也会对你和你销售的产品有了好感。

巧用直觉,引导客户"跟着感觉走"

感觉,在很多时候会起到很重要的作用,因为在很多时候,当客户的直觉告诉他可以购买这件商品或服务的时候,他往往会情不自禁地去掏腰包,所以说这个时候作为营销人员的你,应该学会引导客户跟着感觉走。

一个优秀的销售人员,必定是善于把自己的理念和观念输入给客户的人。善于说服是每一个营销高手的共同特征。如果你了解营销这门技巧和艺术,你就会明白,让客户接受自己的理念和产品,"来硬的"并不是明智的选择。很多时候,只需要我们巧妙地去引导客户,让客户的想法自然而然地走到我们设计好的路子上去,这种手法是最高明的说服手段,也是最高明的营销手段。

作为销售人员,想要做好销售,就必须掌握一定的销售技巧,其中,引导客户是销售技巧中重要的技巧之一。只有合理巧妙地引导客户需求,才能够使客户对你的产品产生兴趣,甚至是依赖,从而达成短期

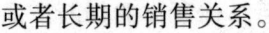

或者长期的销售关系。

一名优秀的销售人员,在销售自己的产品时始终是占主导地位的,总是他在引导客户,而销售能力一般的销售人员则总是被客户的问题所引导,这样会给人不是很专业的印象,试想,一个接受过产品培训的销售人员,虽然记住了产品的卖点,但在销售应用的时候总是不知道如何向客户表述,或是不知道从哪个角度去跟客户讲自己所卖商品有什么卖点和好处,这种情况下的销售是很难取得好的结果的。作为销售人员,不仅要有专业详尽的产品知识以应对客户的提问,也要有丰富的应变经验来引导客户的想法和问题,这样才是一个优秀的销售人员。

(一)销售人员应该如何去介绍产品

那么,一个优秀的销售人员应该如何去介绍产品,才能做到去主动引导客户,而不是被客户引导呢?

其实,绝大部分客户对商品的知识是空白的,如果客户在产品知识方面比导购员还专业,那么销售员的存在就失去了价值,销售人员面对客户的时候,不要急于介绍产品的具体性能参数,而是要先告诉客户一个产品的好坏标准是什么,都要从哪几个方面来判断,销售人员在介绍产品的过程当中,一定要掌握一个原则,即所有的介绍都是为了加深客户对产品的印象。当我们介绍商品的时候,应该围绕以下原则:讲到产品时,嘴说到,手指到,让客户感觉你所说的是有所依据的,最后就是让客户感受到,也就是让客户体验到产品的功能和好处。

所以作为销售人员首先自己一定要弄清楚判断产品的好坏标准是什

么，从哪些方面去向客户讲解最为省力，这样的话，你所讲的判断产品好坏的理由就会让客户感觉到是有所依据，而不是凭空捏造瞎吹的，这样对于客户来说说服力更强些，可信度也高些，所以在销售商品的时候，一定要遵循嘴说到手指到并让客户感受到商品的优点所在。在这个过程中，作为销售人员必须要掌握一定的引导技巧，要想引导客户，不仅仅要掌握丰富的产品知识和相关标准，也要掌握介绍产品的技巧和策略，不然很难引导客户。

　　销售人员在知道自己所卖产品相关知识的前提下，要学会实际应用，介绍产品要遵循一定的规律，在给客户介绍产品时，首先我们要激发客户对产品产生想了解的好奇心和兴趣。有时候我们可以采取自己提问题，自己来回答的策略。回答问题的时候，不妨使用问的形式，比如用什么材质？或产品有什么设计用什么技术有什么特点？我们厂家的商品有什么卖点和好处和别的厂家是不一样的？这种不断提问的介绍方式不仅引导着销售人员自己的产品介绍，也引导着客户的思维和思考问题的方向，在讲解的过程中，每个卖点或者每个说法都是有所依据的，最好就是在现场让客户体验到产品的好处。这里需要提醒的是，当销售员提出问题的时候，哪些问题是自问自答的，哪些问题是引导客户回答的，一定要做到心中有数，按部就班，什么样的情况下是可以让客户来回答呢？也就是保证客户回答的答案就是你所引导想要的答案的时候，大部分都是属于封闭式的问题，或是明显的AB选择题，问题设计想要的答案很明显，答案有明显的偏向性。比如说："先生你是买个质量好的还是买一个质量差一点的价格特别便宜的？"这样的AB选择问答题，让客户回答，答案就很明显，这样才能在不知不觉中引导客户的思维。

（二）不同的客户要用不同的引导方法

对于那些慢吞吞的客户，他们通常即便是有意购买，也不喜欢迅速签下订单，而总要东挑西拣，这边看看那边转转，在产品的颜色、规格、式样甚至是交货日期上不停地问这问那。这时，聪明的销售员就要改变策略，不能操之过急，要把订单的问题先放到一边，转而热情地帮对方挑选颜色、规格、式样，仔细商定交货日期等，一旦上述问题解决，你的订单也就落实了。

而对于那些明显对某产品有浓厚兴趣的客户来说，要充分利用他们的心理弱点。人们通常对越是得不到、买不到的东西，越想得到它、买到它。所以，销售员可利用这种"怕买不到"的心理，来促使这样的客户迅速确定订单。例如说，销售员可对客户说："这种产品只剩最后一个了，短期内不再进货，你不买就没有了。"或说："今天是优惠价的截止日，请把握良机，明天你就买不到这种折扣价了。"这样一来，客户出于"怕买不到"的心理，就会很快放弃价格方面的念头，而迅速确定购买。

还有一种小心翼翼的客户，他们总是对产品充满怀疑，既想要买你的产品，又对产品没有信心，这个时候，我们可建议对方先买一点试用看看。只要你对产品有信心，虽然刚开始订单数量有限，然而对方试用满意之后，就可能给你大订单了。这一"试用看看"的技巧可以帮助那些犹豫的客户快速下决心购买。

如果遇到那种没有主见的客户，尽管一再出现购买信号，但客户却仍然犹豫不决拿不定主意时，可果断采用"二选其一"的技巧。譬如，销售员可对客户说："请问您要那部红色的还是黑色的呢？"或是说："请问是星期二还是星期三给您送货方便呢？"这种"二选其一"的问话技巧，看起来是客户在选择，其实是你帮他拿主意，帮他下决心购买。

小结

与客户沟通交流的过程其实也是一个博弈的过程。如何用最快最"和谐"的方式引导客户认可我们的产品，如何运用种种引导技巧指导我们的言谈举止来左右客户的思维，都是需要我们思考学习并且掌握的。我们甚至可以说，营销的过程就是一个引导客户的过程，谁引导得好，谁就会取得更好的销售业绩。

多多益善，不要吝惜自己的溢美言辞

美国著名心理学家威廉姆斯说过："人性最高层的需求就是渴望别人的欣赏。"渴望被赞美是每一个人内心深处的渴求。学会赞美别人能使对方感受到生活的动力和自身的价值，在营销活动中，学会赞美别人，有助于我们建立更加广阔和牢固的人脉关系，对于销售的拓展有着非常大的帮助。

要想让你的赞美之词不露声色，就应该在无声无息中给对方一定的夸赞，如果你的语言过于夸张，那么对方自然不会感受到你赞美的诚意，因此，一定要注意你的赞美辞藻与语言。首先，如果是新客户，不要轻易赞美，注重交谈时的礼貌即可。因为大家毕竟还不是很熟悉，在这种情况下贸然地去赞美客户，只会让其产生疑心乃至反感，弄不好就成了谄媚。如果是老客户，在客户下次来的时候最好多留意其服饰、外貌、发型等有无变化，有的话一定要及时献上你的赞美，效果非常之好。

其次，如果你要赞美客户，最好从具体的事情、问题、细节等层面赞美，比如你可以赞美其问题提得专业啊或者看问题比较深入等等，这样有时反而更加让客户感觉你的赞美很真实、真诚。还有就是，尽量借别人的口去赞美客户。比如我们可以说："是的，刚才旁边的那个客户也说你很有品位！"。

最后要提的就是，即使是销售已经达成，客户已经购买了产品，这个时候也要通过赞美来坚定客户购买的信心。一般来讲，客户在购买完产品后，总是怀疑自己买亏了或者买得不合适，所以他们通常会去询问身边的朋友、亲戚、家人来判断自己这次所买的是否合适。如果在每一次成交的最后你都告诉你的客户："你真是太有眼光了，这款是我们目前卖得最好的产品了，很多客户都很喜欢！"客户听到这样的话通常心里都会很舒服。

（一）赞美要发自内心

学会赞美别人，并不是一件容易的事，我们要善于挖掘别人身上值得赞美的优点和闪光点，同样是一棵大树，有的人看到的是郁郁葱葱，繁茂的绿叶和灿烂的阳光，而有的人看到的却是树上长满了虫子，树下落满了黄叶。从不同的角度去欣赏，去发掘是寻找别人身上闪光点的关键所在。有的人懂得欣赏、懂得赞美别人，而有的人只有挑剔和指责。世界上最美的声音就是赞美，成功的赞美给别人带来愉悦的同时，也使得他人感到鼓舞。赞美他人让他人感到愉悦的同时，会令人际关系更加和谐。赞美别人，要发自内心，由衷地说出来。用欣赏的眼光看待他人，敞开心胸，放宽眼光，我们能看到美丽，更加和谐。

在销售中，我们要学会赞美客户。作为职业销售人员，我们应该如何去赞美客户呢？要知道，恰当地赞美客户会给我们带来意想不到的收获。那么，如何赞美客户，就是一个非常值得深思的问题了。在日常的销售过程中，总有一些不得要领的销售人员胡乱赞美客户一通，结果被客户还以白眼，这还不打紧，严重的是引起了客户的反感，下一步的销售工作便无从下手。所以，赞美是建立在聆听和提问的基础之上，把握要巧妙合理，赞美要适时有度并且自然。让客户从你不露痕迹的赞美中获得愉悦的体会，更重要的是从你的产品中满足已有的和潜在的需求。

（二）寻找客户身上值得赞美的点

赞美客户是需要适当理由的，我们不可能凭空制造一个点来赞美一个客户，这样的赞美只会是不得要领而令人厌恶。我们一定要找到客户身上能够赞美的优点，要有一个充分的理由来赞美我们的客户。这样的赞美客户才更加容易接受，这样的赞美客户才能从内心深处感受到你的真诚，即使这是一个美丽的谎言，客户也非常喜欢。我们要善于把一些亮点跟客户联系到一起。例如你看到客户有一辆豪华跑车，如果你轻轻地摸着车子连声说："好车！好车！真漂亮！"这是起不到赞美客户的作用的，因为车子再漂亮，那也是生产厂家设计制造的功劳，和车主有什么关系呢？如果你这样说："这车保养得真好！"那效果就完全不同了。

客户的优点可以从多个方面来寻找，例如：客户的事业、客户的长相、客户的举止、客户的语言、客户的家庭等多个方面来进行赞美，当然这个赞美要抓紧客户的优点，只有赞美优点才能够让客户感受到你是在赞美他，如果你不识时务地赞美了客户的一个缺点的话，那么你的赞美只能是适得其反。客户的优点要是一个客观且没有争议的事实，对于事实的赞美和陈述是我们对事物的基本判断，会让客户感觉到，你的赞美没有带有任何虚伪敷衍的地方，这样的赞美客户更加容易欣然接受。卡耐基在《人性的弱点》一书里便讲述过这样一件事：有一天卡耐基去邮局寄信。在他等待服务的时候，他发现这家邮局的办事员态度很不耐烦，服务质量非常差劲，因此他便准备用赞扬的方法使这位办事员改变服务态度。当轮到办事员为他称信件重量时，卡耐基对他称赞道："真希望我也有你这样的头发。"听了卡耐基的赞扬，办事员脸上露出了微笑，接着便热情周到地为卡耐基服务。自那以后，卡耐基每次光临这家邮局，这位办事员都笑脸相迎。

（三）赞美客户要注意语言和时机

对客户的赞美要想让他觉得自然顺耳，就需要通过组织语言，以一种自然而然的方式非常自然地表达出来，如果我们用非常华丽的辞藻来说明一件生活中和工作中经常遇到的事情，那么别人很容易就会认为你是一个太过做作的人，客户对你的话的信任就会打一些折扣。因此用自然的方式来表达你的赞美将是一种非常好的表达方式，也更容易让客户从心理上接受。

此外，对客户的赞美要选择适当的时机说出来，这个时候才会显得你的赞美是非常自然的，同时，对于客户的赞美也可以根据谈话的内容适当地加入一些调侃，这样更加容易调节气氛，让客户在心里感觉非常的舒服。

小结

懂得赞美的人，一定是最会推销自己的人。因此有人说："赞美是畅销全球的通行证。"在我们进行销售的过程中，恰到好处地称赞客户，是销售人员获得客户认同的开始。无论是谁，对他人的赞美之词都不会不开心，让别人开心，我们从中获益，何乐而不为呢？因此，我们一定要记住这一点：推销产品之前先推销赞美，让赞美为我们的成功交易保驾护航。

释放激情，用热情激发自我感染力

一个人的情绪能够传染，如果一个销售人员能够把握好自己的

激情并释放出你的热情，客户就会自然而然地受到感染，从而在激情的刺激下，为你的产品或者服务买单。

销售事业是一项需要激情的事业，需要我们投入所有的热情和信心。我们可以很容易地观察得知，那些销售业绩优秀的销售人员，往往都是那些做事情有信心有朝气，激情澎湃，在任何状况下都能轻易用自己的热情感染对方的人。可以说他们身上的这种特质决定了他们在营销事业上的优异表现，每一位从事营销工作的朋友都要拥有这种激情，因为这种激情不仅可以感染对方，也可以感染自己，激励自己，从而在销售工作中始终保持充分的自信和高昂的斗志，这对于成就我们的营销事业是必不可少的。

实践统计证明，销售人员自身的激情对其事业的成功所起的作用占90%，而产品知识只占到10%。许多初入营销行业的销售新人虽没有掌握太多的产品知识和推销技巧，但却能不断地将产品推销出去，创造不错的销售业绩，最主要的原因就是他们对自己的工作充满激情。

（一）营销事业需要激情

激情与销售人员的关系就好比火车头与火车的关系。充满激情可以让销售人员精力充沛、效率超高。而激情来源于刺激，这种刺激包括：拥有自己喜欢的工作；在个人所处环境中，可以接触到其他激情和乐观的人士；不错的收入；对事业前景的辉煌有着充分的信心，等等。激情是工作的灵魂，甚至就是生活本身。一个销售人员如果不能从每天的工作中找到乐趣，仅仅是因为生存才不得不从事工作，仅仅是为了生存才不得不完成职责，这样的营销人生注定是要失败的。

与其说成功取决于人的才能，不如说取决于人的激情。这个世界为那些真正具有激情和自信心的人大开绿灯，许多成功人士直到生命终结的时候，依然激情不减当年。无论出现什么困难，无论前途看起来多么坎坷，他们总是相信自己能够把心目中的梦想变为现实。激情的强大力量可以帮助我们战胜所有困难，它使你保持清醒，使你充满渴望，它不能容忍任何对于实现梦想这一过程的干扰。从事过营销工作的人都知道，只有那些信心百倍地认为自己能够将最大的激情投入推销工作中去的人，才能取得好的销售业绩和成就，正是他们的激情成就了他们的辉煌。

（二）激情是通往成功的唯一道路

关于激情，我们必须相信：一个人如果充满激情地从事他自己无限热爱的工作的话，他就一定可以获得成功。

每一天我都把工作当成自己的事业来做。在工作的时候我身上就会有一种激情在燃烧，这激情让我精力充沛，效率不错也不觉得累。当然有时候我也会遇到一些不如意的事情，心里也会感到些许的不舒服。回去睡一觉，第二天太阳照样升起，又开始新的一天。——乔布斯

2011年10月6日，身患癌症的乔布斯去世，享年56岁，一个传奇就此落幕。这是一位改变了我们生活方式的梦想家，一位发明了给无数人带来快乐产品的创新者，一位敢于挑战现状的冒险家，也是一位带

领企业走向辉煌的伟大 CEO。毫无疑问，乔布斯的传奇来自他的激情。

　　生活中有许多人，他们对于自己的工作或者企业没有什么热情，虽然也在经济上取得了成功，但是距离辉煌始终差了那么一步。而那些真正富有激情的人则能够取得更大的成就。他们热衷于什么？不是产品本身，而是自己的产品在客户生活中的意义。他们关注的是，自己的产品或服务如何改善客户的生活，改善世界。乔布斯最终能够如此成功并鼓舞人心，并不在于他创造出了伟大的电脑、手机和 MP3 播放器。而在于，乔布斯对消费者充满激情，也对消费者使用苹果产品改变世界的能力充满激情。

　　正是乔布斯这种忘我工作的激情，成就了今天的苹果公司。就连微软总裁比尔·盖茨也不止一次地提到，在美国科技界，乔布斯的工作热情无人能及，正是他拯救了"苹果"。

　　历史上同样富有激情的伟大人物比比皆是，爱迪生就是一个很好的例子。这位几乎没有上过学的报童，后来却完全改变了世界。爱迪生几乎每天都在他的实验室辛苦地工作 18 个小时以上，在里面吃饭睡觉，但他一点都不觉得辛苦。爱迪生宣称，"我一生中从未做过一天工作，我每天都其乐无穷。"正是这种无可比拟的激情，成就了那些伟人，也改变了我们的世界。

（三）如何激发我们的激情

　　IT 界著名的微软创始人比尔·盖茨有句名言："每天早晨醒来，一想到所从事的工作和所开发的技术将会给人类生活带来的巨大影响和变化，我就会无比兴奋和激动。"这句话非常贴切地体现了盖茨对于工作的激情。在他看来，一个优秀的员工，最重要的素质是对工作的激情，而不是能力等其他素质，长期以来，他的这种理念已成为微软文化的核心精神。

激情，在很多时候是人们创新思维的原动力。有了激情就有了永不枯竭的动力，而激情也会令人们的内心发生改变，可以催生信心，而强大的自信心会帮助别人认识你的价值。在营销工作中，激情能够创造不凡的业绩，缺乏激情，斗志涣散，就可能一事无成。

这就是激情带给我们的成功。千万不要把你的激情隐藏起来，因为一旦你习惯了隐藏，你就会变成一个了无生气的人。一个死气沉沉的人绝对不会在工作中实现自己的辉煌梦想，顶多只是干好自己的本职工作，当然你也不会得到老板特别的器重，更不会实现你的梦想。为了公司的利益，更是为了你自己的营销之梦，请提升工作热情，热爱自己的营销工作吧！

小结

充满激情地投入工作，从现在开始，对自己说"这一切我都能做到"。要让自己充满激情，而且持续拥有激情。激情同时也是一种态度，是一种工作态度、生活态度，除了我们自己，没有人能阻止你释放激情，除了我们自己的激情，没什么可以成就我们的梦想，把握住了自己的激情，就等于把握住了自己的未来。

求同存异，找到交谈切入点顺势得好感

"如果你找到了与潜在客户的共同点，他们就会喜欢你，信任你，并购买你的产品。"——杰弗里·吉特默。事实证明，人们通常更愿意与容易相处的人做生意，尤其是与客户初次见面的时候，销售人员如果能够快速找到恰当的切入点，就能够很快消除彼此的紧张感和陌生感，从而为下一步的沟通创造良好条件。

销售的本质其实就是获取客户的信任，从而让客户接受我们的产品和理念。因此，获取客户的信任，是销售工作的前提。要想获得客户的信任，无疑需要我们掌握一定的沟通交流技巧。而找到与客户的共同点，无疑是获得其信任的最佳途径。一旦取得了客户的信任，达成共识，接下来的销售工作就会水到渠成，顺理成章。

很多时候，我们与客户之间的共同点都是可以加以利用的，例如老乡关系，爱好关系，对某些问题有相同看法的关系，甚至是衣着随身物品等方面的共同点，都是我们拉近与客户之间距离的最佳接口。当直接与客户谈交易遇到困难的时候，我们不妨灵活一点，暂时绕开遇到分歧的话题，转而与客户闲聊，从闲聊中寻找双方的共同点，并且达成共识，这时再回过头来谈交易的问题，许多问题便迎刃而解了。

（一）如何寻找与客户的共同点

既然我们和客户生活在同一个地球、同一个时代，就必然能够找到与客户之间的相同或相似之处，例如，相同的生活环境、相同的工作性质、相同的兴趣爱好、相同的生活习惯等，从这些共同点切入，必然能够很快拉近与客户之间的距离。

首先，双方必须确立共同感兴趣的话题。有人认为，陌生人初次见面，很难找到共同感兴趣的话题，其实不是这样。只要善于寻找，善于发现，就一定能找到共同语言。例如一位小学教师和一名水果小贩，似乎两者是没有任何共同点和共同语言的。但是，如果这个水果小贩是一位小学生的家长，那么，两者就如何教育孩子的问题各抒己见，交流看法；如果这个小学教师谈到水果方面的问题，例如如何挑选水果，哪种水果适合给小孩子吃的话，水果小贩就可以立刻给予很好的解答，这样一来，两个人之间很容易就拉近了距离。

可见，只要双方留意、试探，就不难发现彼此有对某一问题的相同观点，比如某一方面共同的兴趣爱好，某一类大家都关心的事情。有很多初入职场的销售人员在初次与客户见面时感到拘谨难堪，话不投机，容易冷场，完全是因为没有发掘共同感兴趣的话题。

其次，要多注意了解对方的现状。要努力使对方对你产生好感，并且留下深刻印象，还必须通过察言观色，了解对方近期内最关心的问题，掌握其心理。在寻找客户感兴趣的话题时，销售人员要特别注意一点：要想使客户对某种话题感兴趣，你最好对这种话题同样感兴趣。因为与客户的沟通过程必须是互动的，否则就无法实现具体的销售目标。如果

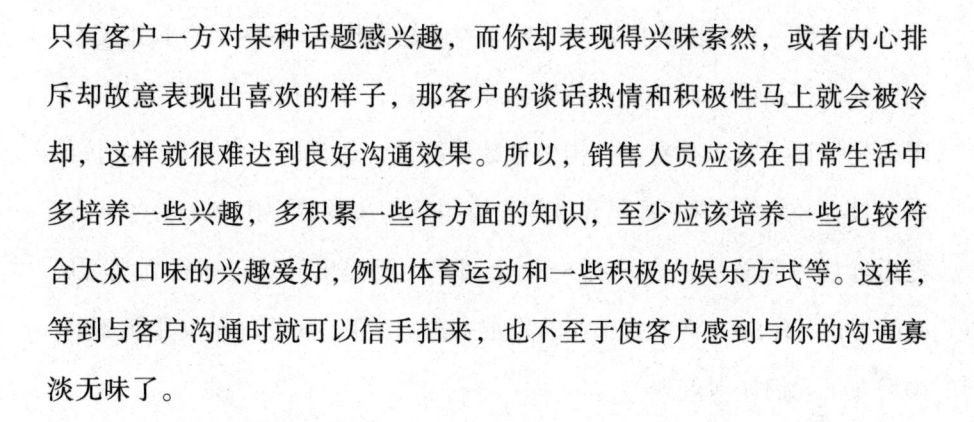

只有客户一方对某种话题感兴趣，而你却表现得兴味索然，或者内心排斥却故意表现出喜欢的样子，那客户的谈话热情和积极性马上就会被冷却，这样就很难达到良好沟通效果。所以，销售人员应该在日常生活中多培养一些兴趣，多积累一些各方面的知识，至少应该培养一些比较符合大众口味的兴趣爱好，例如体育运动和一些积极的娱乐方式等。这样，等到与客户沟通时就可以信手拈来，也不至于使客户感到与你的沟通寡淡无味了。

（二）如何应对客户的异议

无论是在产品销售的过程中，还是在产品销售之后，都有可能因为种种原因与客户发生意见上的分歧甚至冲突。一个优秀的销售人员必须善于处理这些冲突，在最短的时间内消除分歧和冲突，求同存异，尽快重新与客户达成共识。在化解与客户之间的分歧时，我们必须能够预测到客户的情感需求，去加以理解。一般来说，客户产生分歧和冲突的原因主要有：产品的功能理解出现偏差；产品的使用过程中出现问题；希望被关心、重视，希望有人倾听的情感需要被忽视，等等。因此，在和客户进行沟通时要特别注意用语，比如"真的很抱歉"，也可以说"我非常理解您现在的心情，我会尽我自己最大的努力来帮您解决这个问题，您先坐下来我们慢慢谈"，这种沟通交流方式能够让客户感到自己的情感需求得到了关注，从而尽快消除分歧。

在实际解决问题的过程中，我们要注意以下几点。

首先要换位思考，正确认识客户的异议。换位思考是有效解决客户冲突的关键。我们不要把客户的异议当成是在找碴，因为只有真正关心、认同企业产品或者对企业产品感兴趣的客户，才会提出更多的异议、要求或是批评。曾经有专业机构做过数据统计，遇到问题没有提出异议的客户只有8%会回来；提出异议但没有得到解决的客户则有18%会回来；提出异议得到解决的客户有55%会回来；而提出异议迅速得到满意解决的客户，有86%将成为企业的稳定客户。可见，客户的异议并非坏事，关键在于我们如何处理。

其次就是，在应对客户的异议时，我们一定要认真倾听，并且始终保持自己的热情。在倾听客户异议的时候，不但要听他表达的内容，还要注意其语调与音量，这有助于我们了解客户语言背后的内在情绪。同时，要通过解释与澄清确保自己真正了解了客户所提出的问题。热情的服务与沟通，往往能够平息客户的怒气，至少能够让客户认为自己的问题已经受到了重视。那么，如何保持我们的热情？最关键的一点，就是我们在与客户进行沟通过程中，面部表情应该与语言保持一致。只有当我们的姿势、表情、动作、呼吸都表现出热情、微笑的状态时，才能让客户真实感受到热情。

小结

在日常销售的过程中，难免会与客户发生分歧，一个优秀的销售人员，应该善于处理这种冲突，能够做到与客户求同存异，并且尽可能多地找到共同点，达成一致。只有这样，才能尽可能快地得到客户认同，无论是从感情上还是从销售上，得

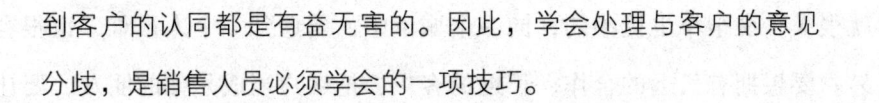

到客户的认同都是有益无害的。因此，学会处理与客户的意见分歧，是销售人员必须学会的一项技巧。

最终目标，成为客户最值得信赖的朋友

与客户成为朋友是营销的最高境界，也是最省力的一种营销方式。如果我们能够在营销的过程中取得客户的彻底信任，就能够让自己的营销工作做到事半功倍。好多成功的业务员，在工作中跟客户都成了朋友。这样既谈成一笔生意，又多了一个朋友，多了一条路。

对于一个业务员来说，怎么样才能够让客户感受到你是可以信赖的呢？要想获得客户的信任，必不可少的就是热情，这能让客户感到他与你是一种朋友关系，而不是销售员跟客户的关系。如果他们当你是朋友，就会相信你所说的一切。当订单成交的时候，他们也许会说，你的公司的业绩并不是最好的，但跟你在一起，是我最快乐的事。热情能带来幸运，因为人们都喜欢和充满热情的人在一起。一个销售人员如果缺乏热情，面无表情，像机器人一样，那么谁也不愿接近他，更不用说购买产品了。

销售人员成功沟通的一个前提就是，要变客户为朋友。世界说很大

就很大,说很小也挺小的,同一个城市中,要遇到一个人很难,也很容易。要想拥有长远的合作、长远的客户,把客户当成是你的朋友,要让他们感到把钱花在你这儿值得,并且信任你,这个很重要。

好多成功的业务员,在工作中跟客户都成了朋友。把生意当做友情来经营,让你跟客户都感到开心。这样既谈成一笔生意,又多了一条路,多了一个始终信赖自己的朋友。

(一)让客户感受真实的自己

打开你的个性。通常来说,从事销售工作需要完全开朗的性格,我说的开朗不只是会说话的开朗,而且要有乐观的心态,坚强的信念,最重要的是要拥有超强的自信,甚至自恋一些也都无所谓,因为销售就是需要信心!我们的每一次电话就是一次推销,也是一次谈判,而谈判就是相互之间的思维较量,你如果没自信,肯定会退缩,最后到放弃。每一次电话,也就意味着可能也是一次被拒绝,如果你害怕拒绝,鼓不起勇气,那最后你还是可能会放弃。每天早上起床的时候对着镜子深呼吸,鼓励镜子里的那个人,你会觉得自己真的很不错,自信很大部分是自己培养出来的。

在与客户沟通的过程中,我们不妨也微笑着说话,多说话,不要怕说错话。做销售的胆量以及谈吐不是天生的,每一个销售员都是在不断的说话中历练出来的,我讲的说话不是指和朋友聊天,而是与客户说话,和客户说话你能学到很多道理,能总结很多经验。哪怕和客户聊天也能增进客户感情,记住,多说话!而且是微笑着说,就算客户看不见你也要这样,因为他能感受到你的真诚。

（二）如何与客户做朋友

关于跟客户做朋友，首先我们要建立一种理念，即你怎样对待自己，也就怎样对待自己的客户。销售人员与客户成为朋友，主要是因为双方首先有利益关系存在，所以，销售人员与客户的友谊可以说是有目的的。那些客户都是抱着实用目的而接受你的友谊，就是因为他们自己可以得到利益。这种友谊首先是建立在一种合作的基础之上的，在这种关系中，销售人员一定要把握好一个度，既不能让客户觉得我们目的性太强，又不能完全放弃目的性，毕竟要靠客户给我们带来效益。如何平衡其中的关系，也是一门学问。

与客户做朋友，首先，你要了解你的客户，比如，你的好朋友，你除了知道他的手机号外，还知道他的QQ、MSN、电子邮箱等联系方式，那么也要试着掌握客户的这些信息，平时用不同的方式和客户沟通，甚至一起玩游戏，这样和客户的关系就不仅仅是局限于工作上的合作关系了。其次，要了解客户的一些爱好，比如下棋、旅游等，试着成为他的棋友、驴友。还有就是了解客户的近期状况，比如生病了要表示朋友的关切，过两天再联系下，问问是否康复。总之，就是你怎么处朋友就怎么待客户。这样自然而然地就给了客户以好朋友的感觉。

（三）销售人员与客户也要保持适当距离

有这样一则寓言故事想必许多人都听过：有一对刺猬，它们俩非常相爱。有一年冬天，天气非常寒冷，寒风凛冽，下着鹅毛大雪。它们俩实在受不了这寒冷的天气，就想拥抱在一起，相互取暖。可是，它们各自身上都长着坚硬的刺，刚拥抱在一起，其中一只雌的刺猬就痛苦地大声喊叫："疼死我了！你离我远点儿！"于是，雄的刺猬就离开它一点距离。这时候，雌的刺猬又大声喊叫："我冷死了，你靠我近一点！"雄的刺猬说："好的。"它们俩又拥抱在一起。几经折腾，两只刺猬终于找到一个合适的距离，既能互相获得对方的温暖而又不至于相互被扎。

孔子曰："过犹不及。"刺猬法则就是人与人交往中的"心理距离效应"。销售人员要想搞好销售工作，既要与客户保持亲密关系，又要保持心理距离，这有助于避免我们在销售工作中丧失原则。这正如于丹所说的那样："最恰当的距离是彼此互不伤害，又能保持温暖。"

小结

与客户做朋友，并不是一件简单的事情。这需要我们把握许多东西。作为销售人员，取得客户信任是我们的最终目的，成为客户的朋友是我们的营销内容。既不能与客户完全变成私人意义上的朋友，又要保持一个合适的态度来方便与客户交流沟通。只有全面把握好与客户相处的技巧，才能在广交朋友手握订单的同时，不至于影响到自己的私人时间和空间，做到公私兼顾，既收获了订单，又收获了朋友。

03
CHAPTER 3

巧妙规避，
营销应该避免的事情

俗话说，人无完人，每个人都会有缺点，每个人都有可能犯错。但是作为一名优秀的销售人员，应该学会从那些成功或者失败的销售案例中总结经验，比如什么样的客户应该如何对待，销售人员容易犯的错误有哪些，客户喜欢什么样的销售人员，等等。通过这样的经验总结，我们就能够总结出一套营销中的行为准则，虽然在实际的销售中我们会遇到形形色色的客户，具体怎么做要视实际情况而定，但是有些不能犯的错误却存在共性。那么，作为销售人员，面对客户的时候，我们要极力杜绝的错误都有哪些呢？

学会倾听，给客户一个畅所欲言的机会

倾听，是销售的好方法之一。日本销售大王原一平曾说过："对销售而言，善听比善辩更重要。"销售人员通过倾听能够了解客户的需求，能够获得客户更多的认同。学会倾听客户的呼声、诉求，对于提升销售人员的服务和促进产品销售同样重要。

学会倾听客户，即便我们什么都不做，我们依然可以从倾听中得到下面的收获，第一，体现了你对对方的尊重，让客户感觉到被重视，被尊重；第二，获得了更多成交的机会，客户愿意对你说出他们的想法，表明他们愿意与你沟通，而与客户顺畅的交流是下一步销售进展的有力保障。

而我们倾听的时候，也要有自己的侧重点和分析，这样才能最大限度地发挥倾听客户的功效。掌握客户内心真正的想法，不是一件容易的事情，在倾听客户的过程中，我们不妨多问问自己：它代表什么意思？他说的是一个事实，还是一个意见？他为什么要这样说？他这样说的目的是什么？从他的谈话中，我能知道他的需求是什么吗？从他的谈话

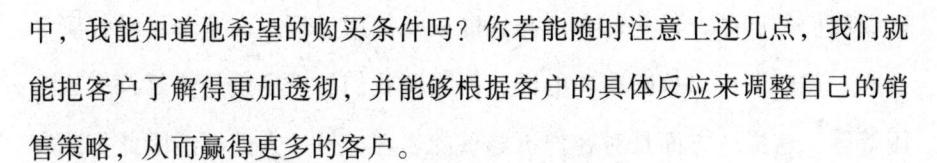

中，我能知道他希望的购买条件吗？你若能随时注意上述几点，我们就能把客户了解得更加透彻，并能够根据客户的具体反应来调整自己的销售策略，从而赢得更多的客户。

那么我们应该怎样学会倾听客户诉求的技巧呢？

（一）从客户的角度出发

在我们倾听客户讲话时，不要分心，要站在客户的立场上专注倾听客户的呼声以及客户对相关产品的需求，并要寻找恰当的时机进行互动，同时跟客户确认自己对于客户所说的内容理解是否有所偏差。我们这种专注倾听的姿态就能激起客户讲出他内心更多想法的欲望。例如有客户提出要购买产品，但又担心价格太贵，我们就不能武断地说他怕买贵的、产品物有所值等等，而应站在该客户的立场上，耐心听取他的诉求，了解他使用产品的目的、方式、购买产品的具体用途以及客户在经济预算上的承受能力等。这样设身处地为他着想，为他选择最适合他的产品，客户往往就能接受你的建议。

（二）打断客户最不可取

倾听客户讲话的时候，一定要让客户把话讲完，不要随便打断客户的话，并记下重点。我们必须记住：你是来了解客户信息、满足客户需求的，同时，你也是为客户带来利益的。只有让你的客户充分表达他的真实想法和迫切诉求以后，你才能正确地满足他的需求。例如客户打算

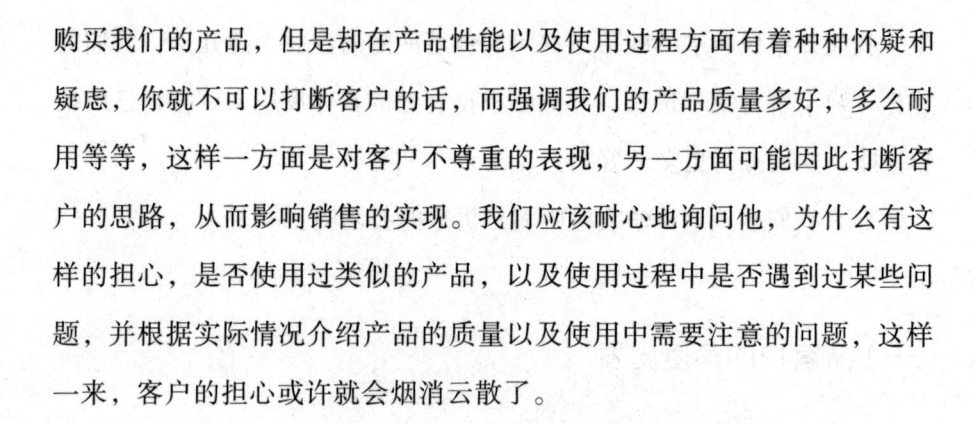

购买我们的产品，但是却在产品性能以及使用过程方面有着种种怀疑和疑虑，你就不可以打断客户的话，而强调我们的产品质量多好、多么耐用等等，这样一方面是对客户不尊重的表现，另一方面可能因此打断客户的思路，从而影响销售的实现。我们应该耐心地询问他，为什么有这样的担心，是否使用过类似的产品，以及使用过程中是否遇到过某些问题，并根据实际情况介绍产品的质量以及使用中需要注意的问题，这样一来，客户的担心或许就会烟消云散了。

（三）倾听客户要保持良好心态

倾听客户的时候，我们要以一种豁达的胸怀来对待客户的意见和建议。不能心存偏见，只听自己想听的或是以自己的主观倾向判断客户的想法。无论客户的意见是好的还是不好的，我们都要记下来。好的、有利于工作的我们要继续发扬；不好的、不利于工作的我们要迅速改进。对客户所说的话，不能有戒备之心，更不要排斥。应该给客户营造一个畅所欲言的环境，坚持认为客户的意见和建议是对我们工作的最好帮助，兼听则明。特别是当客户说到我们产品的质量问题或服务欠缺时，我们更应虚怀若谷、认真听取，而不应强调客观，作不必要的申辩和解释，以免引起客户的反感。若客户说得确实，我们就应先向客户致歉，并答应即行纠正，改进服务。

（四）用真诚的态度倾听客户

倾听客户的时候，要秉持真诚、友善的态度。常言道：态度决定一切。要掌握客户真正的想法，态度尤为重要。只有你态度真诚、话语诚恳、热情、友善，客户才会视你为知己，也才会把真实的想法告诉你。否则，客户就会防范你，对你敬而远之或厌而避之，他们也许会用借口或虚假的理由搪塞你，或为了达到某些目的而声东击西，或别有隐情，不愿言明。因为客户的不配合和不买你账，你会发现一个非常简单的问题，可能处理起来就很棘手，若是解决不好，还会留下后遗症。唯有态度真诚、友善，虚心倾听，即使棘手问题也能迎刃而解。

许多成功的业务员，在销售工作中跟客户都成了朋友。把生意当做友情来经营，让你跟客户都感到开心。这样既谈成一笔生意，又多了一个始终信赖自己的朋友。一个优秀的销售人员在波涛汹涌、起伏跌宕的市场经济海洋中，如何面对来自客户的投诉和批评，不仅可以折射出企业的经营作风，更关乎企业的生存和发展。曾经有一位大企业的老总这么说过："我们的服务水准是被客户逼出来的，客户的抱怨无异于天使的声音。"事实果真印证了此话的正确，因为兼听则明，偏听则暗。

小结

学会倾听客户，是销售人员必须掌握的一项技巧，我们只有在不停地使用中加以体会探索，才能熟练掌握，并得以创新提高。善于倾听的销售人员可以通过客户话语中的细节来判断很多销售方面的做法是否正确得体，并作出适当的调整，从而赢得客户。因此，销售工作中，我们一定要给客户一个畅所欲言的机会，并且时刻牢记不能打断客户，如果我们做到了这一点，就会发现，原来寻找客户并不是一件太难的事情。

巧妙应对，沟通中把握交流话题的分寸

营销需要的是技巧，在这个过程中，应该学会巧妙应对营销发生的事情和情况。在沟通的过程中，营销人员应该把握交流言语的分寸，抓住客户的购买心理，掌握沟通应有的技巧。

在实际的销售工作中，我们会遇到各种各样的客户，有的平易近人，有的风趣幽默，有的侃侃而谈，有的沉默不语，也有的善于钻牛角尖，一语不合就要抬杠。那么，我们应该如何掌握应对不同客户的技巧呢？与不同类型的客户沟通交流，我们应该如何去把握分寸呢？只有我们掌握了这些技巧，才能做到秒杀各种类型的客户，这才是我们要追求的极致境界。

不同的客户会提出不同的要求，在交流的时候也会出现不同的情况，在这个时候就应该找到应对的措施，要能够很好地应对客户的问题。当然，在询问客户的时候，也一定要掌握技巧，如果询问不当，往往会引起客户厌烦的心理。

（一）询问客户要有技巧

在我们的销售工作中，经常会遇到一些比较特殊的情况，例如，主动与客户搭讪反而引起客户的反感。例如：客户走进卖场之后，销售人员上前问一声"您买什么？"客户听到这句问话不仅不接受，反而质问销售人员："怎么，不买还不兴我看看！"结果双方弄得都很尴尬；还有就是由于销售人员业务繁忙或受其他客观条件的限制和影响，没有做到对每一位客户都主动问话，导致有的客户心里不舒服；还有的情况就是，有的客户在挑选产品的时候非常投入，以至于忽略了身边的销售人员，销售人员担心打扰客户，问也不是，不问也不是，场面尴尬。在这样几种情况下，销售人员正确运用掌握主动问话的技巧就显得尤为必要。

首先，销售人员对客户的搭讪和询问应该掌握好时机，并且恰当地使用文明用语。当客户在产品前停留时，当客户在卖场里一边走一边注视产品或寻找产品时，当客户手摸产品或与其他客户商量议论商品时，都是销售人员向客户询问的好时机。我们询问时的语言一定要文明、礼貌、诚恳、亲切，用恰当的称呼说好第一句话。如：同志、老大爷、小朋友，您需要什么？

其次，我们要学会巧妙地使用转化语，变被动为主动。例如：某卖场销售人员正在整理产品，没注意卖场前来了客户，这时客户冲销售人员喊："同志，把这产品拿过来我看看。"销售人员这时应马上放下整理的产品走过来，一边放下手里的东西，一边微笑着问客户："请问您是办公用还是家里用的呢？"很显然，这句问话就属于转化语，由被动答话转为主动问话，不但化解了之前没看到客户的尴尬，又可为整个服务

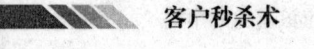

过程顺利进行奠定基础。

还有要强调的一点就是：销售人员在销售中要灵活机动，随机应变。销售人员向客户问话不能局限在"同志，您买什么？""师傅，您要什么"的范围内。问话的内容要随机应变。要做到这一点，首先要求销售人员针对客户的年龄、性别、职业等特点来灵活地决定问话的内容。这种主动性的问话，能够消除客户的疑虑，同时也能帮助销售人员迅速地了解客户的来意，为下一步的服务提供依据。其次要求销售人员要根据客户在挑选产品时的动作和姿态来灵活地掌握问话的方式和内容。比如，当客户主动用手摆弄产品，导购员便可主动询问"感兴趣的话，我为您详细介绍，来，这边请坐"等。这都有利于销售人员在销售中掌握服务的主动权。

（二）与客户沟通话题要有分寸

作为一名销售人员，在跟我们的客户沟通聊天时，并不是所有的话题在任何时间、任何地点都适合拿来谈论的。要想与客户的谈话顺利又愉快，就必须把握好一个度，就是与客户聊天时要有分寸，不能毫无选择地胡侃一气，销售中的聊天也是有着许多禁忌的。

首先不要把自己以及别人的健康状况作为聊天内容，因为除了自己的亲朋好友，没有人会对别人的健康状况感兴趣，而别人的健康状况往往也不愿意随便被别人谈起，从个人隐私的角度来讲，不把这类话题作为聊天内容都是明智的选择，因为强行把自己的隐私讲给别人听会引起对方的不适，毫无顾忌地谈论别人的隐私则会招致反感，都不是作为销售人员适合谈论的内容。

其次，与客户聊天，要尽量避免那些有争议性的话题。因为每个人的想法立场都不同，除非你很清楚对方的立场，否则就应该尽量避免谈到这些具有争论性质的敏感话题，因为这些话题很容易引起双方抬杠或者对立僵持的情况，这种气氛是不利于销售工作的。我们与客户聊天是为了营造轻松气氛，引导气氛向更加有利于成交的方向发展的，如果谈论一些容易引起争论的话题，大家为了某个细节争得脸红脖子粗，非要说清楚不可，这时恐怕双方都没有什么心情和精力去关心产品如何成交的问题了吧。

还有一个小技巧就是，与客户聊天，如果谈到商品一类的东西，尽量少去谈论商品的价钱，如果一个人说话三句不离"这个值多少钱"、"那个什么价位"等等，会让别人觉得你是个挺俗气的人，比如总是谈论别人的房子和汽车值多少多少钱等等，这些谈话内容只会让对方觉得你俗不可耐，对于销售工作没有任何益处可言。

而诸如个人遭遇的不幸等话题也要尽量避免。不要觉得有时候讲一些遭遇不幸的话题可以引起客户共鸣，拉近与客户之间心灵上的距离。因为这些话题都会引起一些负面的情绪，会导致心情不好。当然，有时候客户也有可能会主动提到这些话题，这时我们作为销售人员，正确的态度就是：表现出同情并做一个好的倾听者，要管住自己的好奇心，不要出于探听情况的目的而追问不休。无论任何情况下，与遭遇不幸的人聊天，最好的选择就是让对方尽情出发。

此外，那些纯粹为了找话题缓解尴尬气氛而随便找到的话题，例如一些过时的热点主题，或者在内容上比较出格的一些段子故事，甚至是一些捕风捉影的小道消息，都不是销售人员在面对客户时适宜选择的聊天话题，这些话题不但对于我们的销售工作没有任何帮助，而且会招致别人对我们品味以及人格上的怀疑和轻视，只能用得不偿失这四个字来形容，我们要尽量避免，即便是有些时候客户主动讲起这些话题，我们也要随机应变及时转移话题，保持聊天的氛围。

（三）与同事沟通同样重要

在实际的销售工作中，有些工作需要一定的时间来保证。可能在一定时期内你的工作还没有让别人看到显著成绩，这时千万不要和你的上级距离太远，而且要创造条件去和他沟通，要让他知道你的进度和计划和要取得的成绩。你这样做了上级不但不会责备你，而且他还会利用所掌握的资源给你帮助，让你提前取得业绩。

然而，有的职场新手甚至老手容易犯的错误却是，越是没有成绩越是不愿去找上级沟通，认为自己没有面子，甚至对上级采取躲避的态度。这样做的风险很大，因为你业绩低迷上级本身就不会满意，会对你的工作能力产生怀疑；如果再不了解你的工作状况和进度，就会认为你没有努力工作。时间一长，你就可能进入被淘汰的黑名单了。其实在每次的淘汰名单中，并不全是业绩最差的人，但不会主动找上级沟通的人却会占很大比例。

有些时候员工被辞退还有一个重要原因，就在于他近期工作业绩并不明显，上司得到的反馈只是正在进行中。至于是如何进行的、进行的情况如何，一直得不到明确的答复。"用人不疑"是一条原则，但这是需要有不被怀疑的行动的。一个团队的决定有可能是对的，也有可能不太合理。但决定具备一定的权威性和强制力，也是保障一个团队正常运转的必要条件，是从大局和整体的角度出发的。员工先换位思考，如果对团队的利益有保障就要服从。如果有不尽完善的地方，要选择正常的程序和方式提出建议等待回复。如果采取消极方式对团队的决定进行对抗，受伤害的只会是员工自己。

小结

　　作为销售人员，特别是新人来说，学会在与客户沟通的过程中把握分寸是职业生涯中最重要的一堂课，其实销售工作本质上就是学习如何与人交往与沟通，只有尽力去研究这门学问，才能不断提高自己的销售水平，扩展自己的人脉关系网络，从而提升自己的业绩，更重要的是在人际交往中会学习到更多知识与经验，实现人生的价值。

表里如一，口是心非的人难以获得青睐

　　作为一个销售人员，应该做到表里如一，即所讲的与所做的应该一致。千万不要在客户面前耍心眼，更不要给客户留下口是心非的印象。

我们做人要表里如一，不仅仅在面对客户的时候是这样，在日常生活中也应该如此。表里如一不仅是做人道德和原则上的要求，也是一种基本礼节的体现。与人沟通要讲究礼节，与客户交流更要注重礼节。作为销售人员，我们一定要明白一个道理：口是心非的人在生活中很难找到朋友，而在销售工作中，口是心非的销售员同样很难找到客户。我们做到表里如一，杜绝口是心非，不仅仅是销售过程中的要求，也是日常生活中对自己的要求。

销售人员要做到表里如一其实并没有那么难，在日常的生活中也是能够见到很多比较诚心的销售人员的。销售高手更是会注意这一点，他们明白客户是很精明的，如果自己不能够很好地忠诚于自己客户，那么最终自己也不会实现成功。

（一）对待客户要讲礼节

所谓礼节，是指在交际场合中，人与人之间相互问候、致意、祝愿、慰问等方面惯用的形式。礼节是对待他人态度的外在表现行为规则，往往以向他人表示敬意的仪式方面体现出来，如我国古代的作揖、跪拜；现代人们的点头致意、握手问好等，都是礼节的形式。

礼节与人类生活息息相关，意见渗透到社会生活的各个方面，在我们的销售工作中就存在着问候礼节、迎送礼节、应答礼节、操作礼节及宴会礼节等等，各种礼节已逐渐变成一种规则和固定的形式，成为人们乐于遵守的自然习惯。注重礼节，已成为社会文明的代名词，是社会生产力发展带来的精神文明象征；而在销售等商务活动中讲究礼节，则能给客户带来更好的购买体验,也能提升自己销售工作的品位和档次,对于公司的商务形象也有很大的帮助。

而作为销售人员,在对待客户的态度上,一定要讲礼貌,礼貌在社会生活中,体现了时代风格和道德品质。在不同的时代以及不同的行为处境中,礼貌表达的形式和要求虽然不同,但其基本要求是一致的,即要做到诚恳、谦恭、和善和有分寸。有助于调节在销售过程中与客户之间的相互关系,缓解或避免某些不必要的业务冲突。

(二)"礼节"并不等同于"客套"

讲究礼节和"客套"是有区别的。礼貌是基于相互尊重并表里如一,而"客套"则往往是不真诚的,表里相悖的。在销售工作中,我们一定要注意自己的言行,不能让自己对客户的尊重和礼节流于表面,一旦给客户留下这种印象,势必影响我们的销售工作。因为,一个满脸假笑客套话成堆的销售员,显然没有与客户成为朋友并进一步沟通的诚意,这一点客户是很容易体会到的。

对于销售来说,销售人员与客户之间的感情沟通升温越快,订单达成的速度就越快,因此,销售人员在与客户沟通的时候,需要注重礼节,营造好的交流氛围以及沟通话题,很多时候,为了避免与客户之间无话可说的尴尬,销售人员需要学会找一些话题来避免冷场,或者说一些客套话拉近与客户之间的距离。因为销售过程本身就是一个主动与别人沟通的过程。正因为是主动,而且目的性比较强,就难免会有一些销售人员为了尽快达到目的而在找话说、讲客套话的时候过了头,反而给客户造成一种功利性太强的印象，这对于促成订单达成来说，是一个致命性的错误，大多数客户产生这种感觉之后，会对销售人员本身产生反感和抵触，接下来的订单就无从谈起了。

（三）口是心非的客套会吓跑客户

在实际的销售工作中，有不少销售人员都错误地认为：与客户交谈的时候，多说一些客套话来活跃气氛，取悦客户，只有好处没有坏处。而实际的情况是：客套话并非万能良药，一方面，它可以让原本与你不熟悉的客户在初次见面和交谈的时候就充分感受到你的礼节和敬意；而另一方面，如果熟人之间过于客套，那其实是在有意拉大你们之间的距离。所以过度客套在有些情况下反而阻碍了我们与客户之间善意和坦诚的交流。

通常情况下，销售人员除了与客户初次见面时要保持应有的礼节和适当的客套之外，第二次、第三次的见面就要尽量少用那些"阁下""府上"等书面化比较强的客套称谓，如果一直用下去的话，那么是无法与客户真正意义上拉近距离的，在这种情况下，大量客套话的堆砌往往会损害融洽的气氛。

在我们的销售过程中，客套话要适可而止，因为它是表示你的恭敬或感激，不是用来敷衍人的。不分场合不分情况地滥用客套话就容易流于迂腐，流于浮华，流于虚伪。有人替你做一点小小的事情，譬如说递过一杯水，你说"谢谢"也就够了。要是在特殊的情形下，那么最多说"对不起，这事情要麻烦你！"也就足够了。但是，有些人却要说："呵，谢谢你，真对不起，我不该让这些小事情麻烦你，真使我觉得难过，实在太感激了！"这种夸张的客套就让人有些摸不着头脑，而且有些"见外"的感觉，让人感觉很不好。由此可见，在销售过程中，那些口是心非的、过度的客套是非常不合适的。

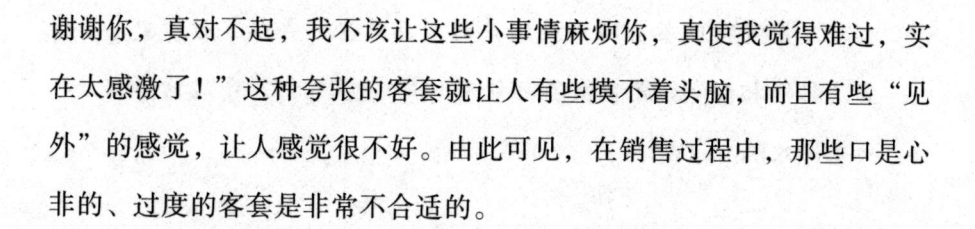

小结

　　无论对待什么人，都要真诚相待，不能口是心非，表里不一。在我们日常的销售工作中，无论是那些初次见面的客户，还是相识已久的老客户，我们都要本着表里如一的原则去对待，去相处。学会讲客套话是销售工作中必不可少的技巧之一，在许多商务洽谈以及商务聚会、宴席上，善于客套并与不同的人打成一片是一个优秀销售人员应该具备的素质，但是任何一种能力都要合理运用，在合适的时机做合适的事情，才是销售人员正确的选择。

委婉表达，直言反驳是客户鄙夷的行为

　　对于销售人员来讲，要学会委婉地表达，对客户提出的疑问，

有时不便直接回答，特别是客户对产品产生"异议"时，更不宜"针锋相对"。直言回答可能对你的销售不利，会起到事倍功半的效果。

虽然在生活中，仗义执言是一种美德，但是在销售工作中，有话直说有时候却并不是个明智的选择。在中国，有些场合学会委婉表达是一种美德，中国人最看重人情，也最讲究"中庸之道"，因此，在有些场合，学会委婉表达是一种必需的技巧。而在销售工作中，客户的要求层出不穷，对于那些不合理的要求，我们往往要学会拒绝和反驳的方法技巧，既能婉转地拒绝，又不让客户觉得自己被反驳，才是最适合的表达方式。

销售人员在回答客户问题的时候，要讲究技巧，这技巧主要是指针对客户对某一产品提出的疑问所做的解释说明的技巧。主要目的是说服客户购买产品，却又不让说服的意向太过明显，这就要求销售人员以富有技巧的语言表达提高客户对商品的兴趣，化解其疑虑，并最终促成销售。

我们要学会运用变换句式的技巧。当客户选择某一产品认为价格太高时，销售人员对这一问题有两种回答方法：一种是"这种产品虽然价格稍高了一点，但质量很好"，另一种是"这种产品虽然质量好，但价格有点贵。"这两句话虽然只是前后顺序颠倒了一下，但给人的理解却完全不同。前一种说法会使客户感到这件产品质量好，有购买价值。而后一种说法，则会使客户感到这件产品不值那么多钱，买了不合算，显然，掌握合适的应答技巧，是十分重要的。

（一）销售中要多采取肯定的表达方式

在销售中，我们最好运用一些表达方式上的小技巧，即回答客户的询问时，尽量采用请求式，少用命令式；多用肯定式，少用否定式。请求式的语言是以尊重客户为前提的，是将自己的意志以征求对方意见的形式表达出来，使客户感到亲切，从而乐意接受；而命令式语言是以客户必须服从为前提的，是强迫对方的一种行为。当客户提出销售人员无法答应的要求时，比如客户要求退换产品时，如果销售人员直截了当地说"不行"，就会使客户不愉快。但如果说"请您原谅……"用和蔼的请求口吻既拒绝了客户的不适当的要求，又不至于使客户感到不愉快。肯定式是在肯定客户陈述的基础上提出自己的意见，容易被客户接受；否定式是在否定客户陈述的基础上提出自己的意见，会使客户产生一种被轻视的感觉，从而不愿意接受。例如，客户问："这产品的定价是不是有点高？"销售人员回答："是贵了一些，但与其他同类产品相比，它多了两项功能，是值得购买的。"这就是肯定式的回答。如果销售人员对客户的这一问题这样回答："一点也不贵，您就买吧。"这就是否定式的回答。这两种不同回答方式会对客户购买行为产生截然不同的效果。又如当客户问："这件产品有红色的吗？"销售人员回答道："没有。"这就是否定式。如果销售人员换句话是："是的，眼下只剩蓝色和白色两种，这两种颜色都挺好看的，使用起来会显得很时尚。"这就换成了肯定式。艺术地使用肯定句式的回答方法，可给客户以亲切、可信的感觉。

另外，我们还要学会根据客户的表情回答客户的询问。这是指销售人员一边观察客户的反应，一边回答客户的询问，从而了解客户对商品的态度，以便确定自己的回答方式。如一位客户向销售人员征询说："我选哪一款比较好？"导购员手指一种对客户说："我觉得这一款比较适合您，您认为呢？"若客户说："不错，的确很好看。"导购员就可以继续介绍。假如，客户看后便皱起眉头，一言不发，这样就表示对商品很不满意，应再介绍别的款式给客户看，否则必定影响客户的购买情绪。

（二）不妨采用缓兵之计

很多时候，面对客户的无理要求，我们往往需要努力克制心中想要反驳的欲望，在这种情形下，很难冷静地去分析问题，并作出恰当合理的应对，因此，在这个时候我们不妨采取"缓兵之计"，把双方僵持的焦点尽量推远一点，转移一下双方的注意力，这样无论是对于客户，还是对于自己，都是一个很好的选择。

首先我们不妨打一下客套牌，比如请客户坐下或者喝水之类。因为当客户情绪激动时，大脑神经处于极度兴奋状态，心跳加快，呼吸急促，急于要缓解心中闷气。销售人员为了使冲动的客户尽快平静下来，应该热情招呼他们坐下来诉说抱怨，自己在一旁耐心倾听，并郑重其事地把对方的意见记下来。做好情况记录，既有助于双方建立一种友好的交流洽谈气氛，又可以使客户认为他们的意见受到了某种重视，没有必要再僵持下去。

其次就是"乾坤大挪移"，在因为某些销售细节僵持不下导致气氛不够融洽的时候，不妨把客户带离产生僵持的地点，例如建议客户到接待室详谈等等。因为从心理学上来分析，凡是与销售人员闹僵导致气氛不愉快的客户，大多喜欢得到旁观者的支持，现场人越多，他们的指责也越苛刻离谱。所以，一旦觉得与客户之间的沟通氛围不够和谐甚至存在冲突的潜在可能，销售人员应迅速将当事人带离现场，或者到人群稀少的休息室商谈问题，千万不要在人多的场合下与客户辩论、反驳，因为在大庭广众之下，销售人员纵有十种百种理由来解释说明，别人也会下意识地站在客户一方，不但会令客户情绪更加激动，也会令自己的解释处于不利地位。

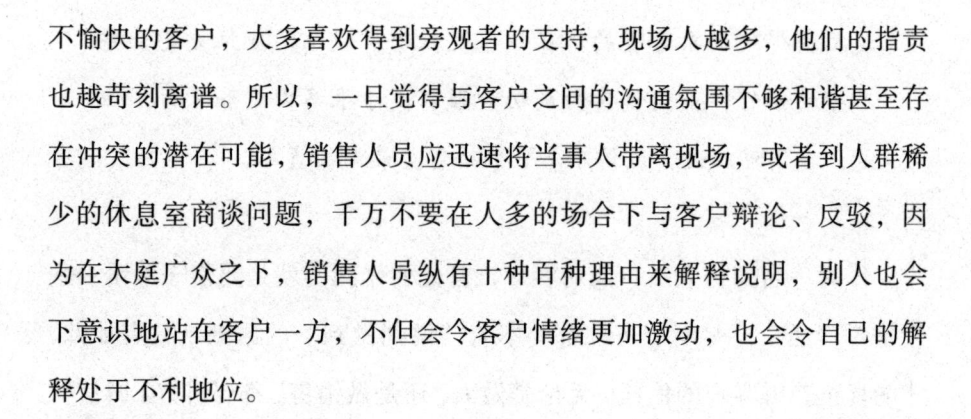

小结

无论在什么情况下，直言反驳客户都是极其错误的做法，即便是错在客户，销售人员也不能采用直接反驳这种有失职业水准的交流方式。因为销售人员的所有行为都必须为成交这一最终目的服务。不管是何种情况，何种理由，销售人员都要牢记一句话"不要得罪自己的衣食父母"。

信守承诺，可以不开口但要说到做到

自古以来，诚信都是人们安身立命的根本，一个没有诚信的人是无法得到别人尊重的。在销售过程中，诚信的地位更是重要不可动摇的，虽然销售的成功与否取决于很多因素和能力，但是，我们可以说，诚信才是一个销售员最大的资本。

作为一名销售人员，面对客户，首先要做到的就是要信守承诺，不管是对产品，还是对服务，都要本着"说到做到"的原则，只有如此，才能真正获得客户的信任。无论是做人，还是做销售，都要讲究"诚信"，它包括"诚实"与"守信"两方面的意思。诚信是推销的道德，历来也是人类道德的重要组成部分，在我们的日常销售工作中，诚信所具备的营销力不容小觑。实际上，在向客户推销产品的同时，也是向客户推销诚信。

据权威统计数据表明：70%的人之所以从你那购买产品，是因为他们喜欢你、信任你和尊敬你。因此，要想令自己的销售事业有所建树，诚信不但是最好的策略，而且是唯一的策略。

在我们推销的过程中，如果失去了诚信，也许一笔大订单就会泡汤。信用其实也有大小之分，大信用固然重要，却是由许多小的信用积累而成的。有时候，守了一辈子信用，却在关键时刻因失去一个小信用而使唾手可得的订单泡汤。推销高手们往往都是最讲信用的，有一说一，实事求是、言必信、行必果，对客户以信用为先，以品行为本，这样客户才会放心地同你做交易。

承诺是两方面，一方面是开始作出的，口上说的或文字写的，再一个是后来实践上的执行。事情都是说起来容易，做起来就难了。其实最难的还是不轻易做出承诺或只作出可以实现的承诺。我们太容易得到很

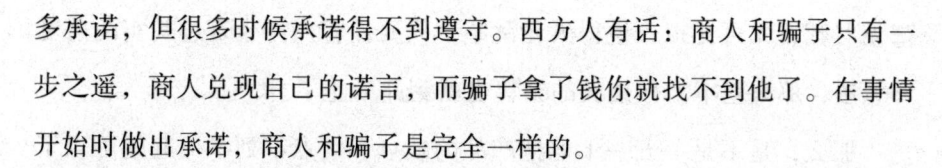

多承诺，但很多时候承诺得不到遵守。西方人有话：商人和骗子只有一步之遥，商人兑现自己的诺言，而骗子拿了钱你就找不到他了。在事情开始时做出承诺，商人和骗子是完全一样的。

更多时候，我们违背了对自己内心的承诺，那承诺是什么，就是你销售事业的梦想，面对困难，面对曲折和销售的压力，面对金钱的诱惑，放弃了对自己梦想的追求，而是随遇而安。这也说明为什么成功的销售人员是极少数，能不屈不挠地追求自己梦想的销售人员只是极少数人。

（一）如实对客户介绍产品

在销售过程中，无论是企业还是销售人员，往往都懂得用产品亮点吸引客户的眼球，在向客户介绍产品的过程中，突出介绍产品优点当然是无可厚非的，然而经常有销售人员做不到实事求是，在对产品的描述中只谈优点回避缺点，只是一味重点突出自己的服务和产品如何如何好，甚至夸大其词，而对相应的缺点轻描淡写，甚至只字不提。这一点是相当不可取的。

其实，大多数客户在初次听销售人员介绍产品时，都会不自觉地对产品的可信度产生怀疑，这样的怀疑是完全正常的。通常来说，客户关心的问题一般有以下三点：第一，产品需求。产品本身是否能满足自己的需要？第二，产品价格。产品是否货真价实，值得自己购买？第三，技术支持和售后服务。购买产品后是否能解除后顾之忧？这样的担心是完全正常的。作为销售人员一定不能回避这些怀疑和担心。因为毕竟世界上没有完美的产品，这个道理客户也是明白的，如果你把产品描述得毫无瑕疵、无可比拟，说得天花乱坠，只要让客户产生言过其实的感觉和想法，那么基本上你这次的销售也就到此为止了。

那么，是不是一五一十地把产品的缺点和优点都列举一遍就可以了呢？当然不是，销售讲究的是技巧，虽然没有十全十美的产品，但是销售人员介绍产品的方法和措辞，却可以尽量追求十全十美。例如，我们可以用类似的产品来作对比。没有对比就看不出高低，在介绍产品的同时，也适当向客户介绍一种或几种同行业产品的不足，但是一定要实事求是，并且做到口下留情，适可而止。同时，对于我们自己产品的介绍，则要突出可以满足客户需求的产品特点。客户最关心的是产品能否满足他的需求，如果产品能尽可能地满足他，一些不足之处也可以忽略，销售人员要充分了解客户的需求，找到产品最能满意客户的方面，充分挖掘。

此外，我们还可以在说话方式上做文章。如果我们的产品质量好，但是客户认为价格贵，这时就应该首先承认价格的劣势，随后把重点放在质量上，让产品质量对客户的吸引力超过客户对价格的排斥力，使客户认可产品。

（二）服务承诺要履行

在销售中，最令客户无法接受的就是你做出了能满足他需求的承诺，最后却没有履行，让客户的期望落空，这会使客户对你的印象迅速变坏，产生反感，甚至转身离去，而销售人员的诚信度也随之基本降为零。各类客户的需求各有不同，而我们的产品不可能完全满足，在销售过程中为了迎合客户需求而随便地做出承诺，最终却无法履行，最后的结局往往是捡了芝麻丢了西瓜,甚至芝麻西瓜全丢了。所以,销售人员在向客户做承诺时,应该遵循以下几点。

首先,要做好充分的准备工作,很多细节都要想到。在向客户做承诺前,我们首先要想:做出的承诺会不会使工作被动?后续服务人员会不会因此增加很多不必要的麻烦?诸如此类的问题最好提前考虑全面,做好销售前期的准备工作。其次,我们做承诺时一定要谨慎。对客户做承诺时在语言表达上要谨慎,哪些承诺该做?哪些承诺不该做?多余的话不要随便说,因为在这时,你说的每一句承诺客户都会当真。还有就是,做出的承诺要尽快履行。一旦我们对客户做出了承诺,就要尽快履行,履行得越快,客户对我们就越信任,我们在客户心中积累的诚信度就越高。

(三)信守承诺对于企业的意义

承诺,也许这个词在我们生活中耳熟能详,日常生活中信守承诺的事例也是司空见惯,但是当这个词和一个企业联系在一起,成为一个企业所奉行的价值观之时,就又赋予了全新的意义。对外而言,承诺作为一个企业所奉行的价值观,就代表着企业对公众的一种诺言,要向社会提供优良的服务,向消费者交出满意的答卷。不仅体现在我们的产品质量要名副其实,我们的服务要完美周到,与利益相关者达到互利共赢,而且企业要对整个社会履行责任,回报社会。对内而言,则表示了企业对员工的承诺,和谐社会提倡以人为本,构建和谐企业同样需要以人为本,要做到这一点,对于员工的承诺至关重要。企业是由员工组成的企业,向员工承诺是让其感觉人格受到尊重,利益受到保障的前提,这样才能让员工觉得企业就像自己的家，能够融入到家的氛围中来，团结一致。从员工自身而言，要身体力行地执行这一价值观。这是这一价值观深入贯彻的一个表现，也是我们的最终目标。员工与员工之间、部门与部门之间都勇于承担责任，对他人以诚相待。

然而，光有承诺还不行，重在实践。俗话说言必信，行必果，这也是很多企业所推行的格言，信守承诺就要求全身心投入，而不是纸上谈兵，做出决定，坚决执行，用100%负责任的态度对待每一件事情，不找任何借口。只有这样，才可以使一个企业达到内外兼修，既对社会信守承诺，在企业内部员工之间又有切实的信守承诺的氛围，共同营造承诺的企业文化，使这一观念深入人心，并体现在实处，让"承诺"成为企业独特的软实力。

小结

日本的松下幸之助说过一句话："诚信既是无形的力量，也是无形的财富。"的确，诚信是看不见摸不着的，它只存在于客户心中，只有客户心中认为我们是诚信的，我们才有合作的机会。信守承诺，并不需要多大的订单或者多重要的客户去证明，而是通过我们对待每一位客户细致入微的小事中来体现出来的，而且信守承诺也并不是通过一件两件事就能让客户形成对我们的印象，它需要我们长期的坚持诚实、守信的原则，才能让自己在客户心中成为一个信守承诺的人，一个值得交往的人，一个可以放心交易的销售员。

04

CHAPTER 4

运筹帷幄，
打好客户心理战

对于销售人员来说，每一次与客户的博弈都是一场心理战，面对兴趣爱好脾气目的各不相同的客户，根本不可能用固定的模式去与之沟通，想要成为一名优秀的销售人员，就要掌握不同客户的不同应对策略，在诚信做人的层面上我们要"以不变应万变"，但是在应对客户的层面上，我们要做到心中有数，运筹帷幄，打赢与客户之间的每一场心理战，以胜者的姿态把握好每一份订单，并最终成就我们的销售梦想。

投其所好，了解客户所想满足客户所需

对于销售来讲，投其所好并没有什么不好，毕竟在销售的过程中，卖出自己的产品和服务才是最终的目的，所以说销售人员不妨投其所好，以此来吸引客户，让客户更愿意购买你的产品和服务。

每个客户都会有不同的需求，每一件产品也都有着不同的性能和特性。如何从众多繁杂的产品特性中挑出客户感兴趣的特点来向客户介绍，是推销人员最需要也是最难掌握的一项技巧。因为这首先需要销售人员对于客户的情况有全面的了解，只有真正了解客户的需求，才能在介绍产品的时候有所取舍，有所侧重，真正有目的性地把产品的优点精确地反映给每一位客户，这才是最有效率的产品介绍方法。

当然，要想知道客户的喜好，必然要对客户进行分析和了解，而了解的途径和技巧又是多方面的，所以说销售人员要进行多方面的掌握，只有这样才能够更好地实现你的销售行为。那么，我们销售人员应该如何去掌握这项技巧呢？

（一）通过交谈了解客户需求

销售人员要想做到"投其所好"地向客户介绍产品，就必须首先通过和客户交谈，对他们的偏好大致上有一个判断。例如，如果对方在意性能，那我们就跟他谈产品的技术性能；如果他在意价格，我们就谈产品的性价比有多高；如果他在意外形，那我们就重点介绍产品的设计，用设计上的精巧来打动他。人和人之间都有差异，单靠同一角度的宣传很难打动所有人，面对客户必须灵活起来，投其所好。

了解客户需求，要从关心客户，了解客户问题入手。这需要销售人员在拜访客户、与客户交流之前，充分、认真地分析客户实际的、最强烈的需求，去寻求突破点。如果一开始就抓住了客户急需解决的问题点，客户必定愿意将话题继续下去，相反，如果销售员与客户初见面，就是十足的"商业气味"，只会千篇一律地讲解产品，那么客户基本上就不会购买你的产品，甚至不会给你机会让你背课文似的"背完"开场白。

（二）善于寻找共同点作为突破口

有这样一个销售事例，一个销售经理按照约定来到客户办公室，洽谈一个业务订单，在与客户沟通的过程中，发现客户似乎对自己并不太感兴趣，话题也是有一搭没一搭，似乎看不到订单的希望了。这时，这位销售经理突然看到客户书架上有很多中国古籍，特别是有很多关于《诗经》的书籍，于是在与客户聊天的过程中，他谈起了自己爱好读书并且偏爱古典文学这件事情。客户一听就来了精神，说他也最喜欢《诗经》。于是两个人就从《诗经》谈到业务,不亦乐乎地忘了时间,晚上还一起吃了晚饭。

很显然,由于这位销售经理善于仔细观察,找到了与客户之间的共同点,并采取策略,投其所好,顺利打开了交谈的思路。当然,投其所好也必须跟自己的情趣爱好相结合,自己对此要有兴趣,还要有研究,否则,即使发现了共同点,你对此却一知半解,没说两句就"卡壳"了,那么不但对你们的谈话无济于事,反而会让客户觉得你不懂装懂,不值得信赖。可见,培养广泛的兴趣,对于销售人员而言,是面对不同客户做到"投其所好"的必备功课。

(三)寻找客户共同点的技巧

面对客户,要想做到投其所好,找到自己与客户之间的共同点,就必须要掌握下面这几点。

首先,对于那些摸不清底细或者初次见面的客户,不妨采用试探的方法来寻找共同点。

譬如,有时候,为了打破初次见面时沉默的局面,可以想办法打开话题,因为不说话不沟通是什么也做不成的。当然也有一部分销售人员会通过听客户的说话口音、言辞,侦察客户情况;有的以动作开场,一边帮客户做某些急需帮助的事,一边以话试探;有的甚至借火吸烟,也可以发现客户特点,从而找到与客户之间的共同点,打开谈话话题局限的局面。

其次,我们要善于观察客户表情动作上的细节。通常情况下,一个人的心理状态、精神追求、生活爱好等等，都会或多或少地在他们的表情、服饰、谈吐、举止等方面有所表现，只要我们善于观察，就会顺利发现与客户之间的共同点。

此外，也可以通过步步深入的手段，挖掘共同点。大多数时候，发现与客户之间的共同点其实是非常容易的，但是，这只是与客户谈话的初级阶段所需要的。随着交谈内容的深入，共同点会越来越多。为了使交谈更有益于客户，必须一步步地挖掘深一层的共同点，才能如愿以偿。

还有就是，要学会揣摩与客户之间的谈话，探索共同点。为了发现客户同自己的共同点，我们可以在客户同别人谈话的时候留心分析、揣摩，也可以在客户和自己交谈时揣摩他的话语，从中发现共同点。

其实，寻找与客户之间共同点的方法还有很多，比如，共同的生活环境，共同的工作任务，共同的行路方向，共同的生活习惯等等，只要仔细发现，与客户无话可讲的局面是不难打破的。此外，还有一个方法也能帮助销售人员寻找到与客户共同的话题，引起客户的好感，那就是相似性。人们都喜欢与自己在某些方面相似的人交流，不管是观点、动作、语气、个性、背景、生活方式等各个方面，只要是相似的双方都会产生好感。

小结

要想在与客户沟通的过程中做到"投其所好"，首先就必须要了解客户，并想办法找到与客户之间的共同点或者相似点，只有掌握了这门技巧，我们才能准确判断出不同客户与我们的共同之处，从而进一步沟通了解客户真正的爱好兴趣等话题。而了解了这些内容，我们在面对客户的时候才能真正做到"投其所好"，想客户之所想，满足客户之所需，与每一位客户都能够打成一片，顺利签单。

初次约会，重视客户对产品的初步认识

美国塔夫茨大学心理学教授纳里尼·安巴迪说过："人类进化出能快速判定陌生人是好是坏的能力，这对生存至关重要。"这就是平时我们所说的"第一印象"。"第一印象"不仅适用于人，也适用于产品。

有时，客户刚接触到某产品就对它不感兴趣，或者心生反感，这是因为客户在了解产品的过程中，某些因素左右了他们的情感和体验，那么，我们如何才能在向客户介绍产品的时候让客户对产品形成良好的第一印象呢？

很多时候，在介绍自己的产品或者是服务的时候一定要抓住利益点。而对于那些失去订单的销售人员，并不是因为他们不了解产品，也并不是因为他们不重视客户，而是因为他们在给客户讲解产品的时候，没有分清楚轻重缓急，或者说，他们在理解客户内心真实需求这个步骤出现了偏差，从而导致他们对客户的介绍引不起客户的重视。一般来说，

在了解到客户真实需求之后，销售人员要首先把那些客户最感兴趣最想了解的产品特点介绍给客户，这样才能够在一开始就让产品引起客户的了解兴趣，之后下一步的销售工作才有继续开展下去的可能和余地。

例如，一次笔者去某城市给某品牌的农用卡车销售人员做培训，培训过程中提问他们如何帮助经销商推销农用卡车。他们大多讲的是卡车的特点和优点，而且在这方面表现得很优秀，许多专业的卡车知识以及特点都掌握得非常全面，但是有一个问题就是，他们很少提及如何让买卡车的农民赚到钱，即，产品对于客户的利益点。

我们都知道，农民中所谓的汽车"发烧友"不多，对于农用卡车这样的产品，农民客户都是纯粹把它当成是生产工具来看待，没有人是买来玩或者体验的，都是买来赚钱的，他们对于卡车的专业技术性能和特点基本上是不感兴趣的，他们只会去关心这车子用起来是否坚固耐用，是否省钱，是否能创造更大的经济效益，等等。销售人员只有抓住了这些利益点，才能更好地销售农用卡车。譬如：卡车买来能否找到长期合作的货运公司，卡车坏了后期维修是否方便便宜，旧车报废的时候如何处理赚钱（除了旧车报废可以享受政府几千元补贴之外），手头缺钱的时候这车能否帮助自己得到低息的银行按揭贷款等等，总之，一开始向客户介绍的时候，就要多讲买车之后能否赚到钱这个利益点，而车辆的技术性能以及特点，可以在客户对产品产生兴趣之后再详加介绍。

可见，客户对于产品的第一印象，取决于销售人员对于产品特性的介绍顺序。聪明的销售人员总是能够抓住客户最关心的产品特点，迅速在客户心中建立起产品的第一印象，一件产品留给客户的印象可能会有很多面，但是聪明的销售人员会把客户最关心最感兴趣的一面直接展示在客户眼前，从而在最短的时间内引起客户对产品的兴趣和重视，也直接增加了订单达成的可能性。

销售员在面对客户的时候，如何介绍自己的产品非常重要！这决定了客户对你产品的第一印象，如果印象好，就是第一次没有达成交易，只要继续跟进，迟早都会有希望的。如果第一印象不佳，可能你后面的推销难度就会非常大，那么我们该如何介绍自己的产品呢？我认为最重要的一点就是把你的产品说得与众不同，这不是让你说谎话，也不是让你吹牛，而是让你找出自己产品和其他产品的不同之处。

（一）你要找出产品的销售基点

譬如：可口可乐之所以能在全世界范围内畅销几十年，关键在于它选择了一个人们都能接受的销售基点，那就是快乐。虽然几十年来可口可乐的广告词换了无数次，可销售快乐的基点一直没有变。你就是要围绕你产品的销售基点来介绍你的产品，也就是你的产品除了带来实用价值之外，还能给客户带来什么？

（二）要找出你产品的最大不同点

俗话说，金无足赤人无完人，同样产品也没有绝对的好与坏。区别就在于客户是否真正的需要。比如：有的客户喜欢名牌，也有的客户喜欢实惠，有的喜欢方便，有的喜欢好玩，所以你要给自己的产品一个定位。

（三）尽量把你的产品生产过程形象化，具体化

比如：原料的绿色无公害，经过多少道工序，或者经过多少次实验，总之，不夸张却又符合现实，实际上哪一个产品不需要通过无数次的加工呢？但别人不说，你说出来，你的产品就能给客户留下难忘的第一印象。

此外，在售后服务上也要多注意说明。许多销售员在介绍产品时，往往会忘记介绍产品的售后服务，认为合作后再说，实际上，在销售之前就告之客户会收到更好的效果。讲明包装的用意和设计意图，在激烈的市场竞争中，包装也是取胜的法宝之一，特别是日用消费品。因此，以包装区别同类品种，也是产品介绍的重要环节，设计的意图介绍同样能延伸产品的独特性。

可见向客户介绍产品的过程直接关系着客户对产品的第一印象。我们也可以说，客户第一次看到产品时的心态决定了这个产品是否会被客户接受。

小结

在向客户介绍产品的过程中，我们一定要明白一个道理：有特点和优点相似的产品，但没有完全一样的客户需求，销售员能否按照客户的需求诉求产品的利益点，是产品能否给客户留下好的第一印象的关键所在，同时也是区分销售人员水平高低的一个主要标准。要想让自己的产品让客户初次接触就能有好的印象并且尽快接受，就要掌握以上几个技巧。

创造条件，言谈中提升产品的价值品质

对于营销人员来讲，学会主动地去创造机会是很重要的职业素质。如果一个营销人员不懂得去为自己的销售创造条件，并且利用自己的言谈举止来提升产品或者是服务的价值，那么就不能够算得上是一名合格的营销人员。

作为一名销售人员，在向客户推荐自己的产品时，应该利用一切可能的机会去提升自己产品的价值品位。因为这样做带来的好处就是：在提升产品形象的同时，也间接提升了客户的品位，可谓一举两得。而且很多时候，对于产品的描述和解读有很多角度可选，选对适合的角度和着眼点，会令产品瞬间提升价值品位，也给客户又提供了一个选择产品的理由，何乐而不为呢？

如今的市场上，同一类产品各种品牌层出不穷，让客户在产品选择上有了不少余地，大多数时候，客户都会在决定购买之前综合对比各个品牌产品，心中是要先在一个无形的天平上进行衡量，天平的两端则分别是购买成本与购买价值，在市场中，大部分的交易都是在天平平衡的时候决定的，显而易见，增加天平上客户购买价值一侧的分量是促进订单成交的最佳途径，但是，在客户购买价值的天平上增加筹码会提高产品的成本。有没有不增加商品成本却可以提高客户购买价值的方法呢？答案是肯定的。因为我们都知道，一件商品的价值不完全是由其物理属性决定的，更多的是由产品自身的附加属性决定的，不管这个商品实际

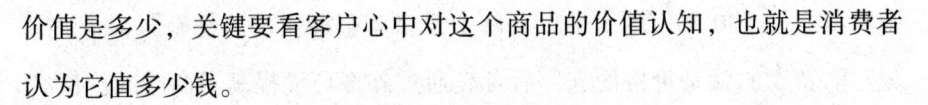

价值是多少，关键要看客户心中对这个商品的价值认知，也就是消费者认为它值多少钱。

在提升产品附加属性价值的手段上，通常用到的有以下几种。

（一）渲染产品的品牌文化

众所周知，品牌文化是产品的灵魂所在，如果没了品牌文化的灵魂，一件商品也就只能根据其物理价值来销售了，反之，则可能创造出价值超过商品成本几倍，甚至几十倍的奇迹。例如，同样是手机，苹果手机的售价可以远远高出其他品牌，而且还能得到消费者的肯定和追捧，这就是品牌文化成功运作的典范，如果只看手机的物理成本价值的话，苹果手机未必就比其他品牌成本高出多少，但是一旦消费者认可了苹果这个品牌，自然而然也就认可了这个品牌的附加价值，这就是品牌的力量。在销售工作中，销售人员要善于利用品牌文化，让客户明白，他们买的不仅仅是一件产品，而是一个品牌，品牌文化所蕴含的核心价值不是单单可以用金钱来衡量的。

（二）巧妙利用外部因素

在我们向客户塑造了具有文化、品位内涵的商品后，接下来就是把这些内涵进行表达，并且传递给客户，第一步就是产品消费终端环境的塑造。一件商品摆放在不同场所，其价值便会因为这些外部因素的不同而产生差异，比如，同样一件衣服，在地摊卖50元，而摆在精品店里，则可以卖到500元，两个地方，两个价格却都能卖出这件衣服，为什么呢？前者卖的就是价格便宜，后者是通过外部环境提高了商品的价值。

再举个例子，同样的咖啡，在不同的环境下却能泡出不同的味道与感觉，你相信吗？浪漫甜美的法国海滨咖啡、轻松时尚的星巴克咖啡、安静柔和的家居下午茶咖啡……一样的材料，却可以泡出各种口味与感觉，那完全是因为外部的环境因素影响了人的主观感觉。恰当的环境布置可以有效提高商品价值，因此，应该学会结合环境因素来向客户推销产品价值，但也不能单纯理解为只要是在装修豪华的销售场所便可以随意提高商品的价值，所有的事情都要有个度，纯粹的提升销售环境档次可能会造成环境与商品脱节的情况，只有商品与环境巧妙融合，才能在销售中利用环境因素巧妙提升产品在客户心中的价值。

（三）引导客户重视产品价值

在销售中，我们一定要牢记的一个原则就是，不要和客户纠缠商品是否值多少钱，一旦陷入这种价格上的纠缠中，结果往往都是：产品很难卖出一个好价钱，甚至很难达成交易。这些时候，应该着重引导客户的思想，一起探讨商品的价值，这样就忽略价格因素。尤其珠宝等非必需性商品，甚至奢侈品，价格因素还在其次，买家往往更看重的是商品价值。

例如，一位太太向销售人员抱怨一条项链太贵了，销售人员如果说："太太，6000块已经很便宜了，你到任何珠宝店都不可能买到这么便宜的项链……"这种应对的说法显然是不适合的，明显是就商品卖商品，就价格卖价格,是最笨的推销方法,而且,这时消费者的心里是矛盾的,她既希望项链能很便宜,又希望项链很值钱,销售人员一下子否定了项链的价值,告诉你这是最便宜的珠宝,对于客户的虚荣心来说将是最致命的打击,这样成交的概率会很低。而如果销售人员这样说:"太太,这条项链太适合您了,戴在您的身上看起来少说值1万块,而且,这条项链太符合您的气质了,看起来那样高贵、漂亮。"

这样的情况下,成交的概率就会大大提高,因为销售人员在说这条项链同这位太太搭配后产生的价值,而这种价值是这位太太最在意的。

(四)利用商品搭配提升产品价值

产品打折销售是大多数产品经常用到的一种促销手段,对于大多数商品来说,难免受到商品打折的困扰,如果打折,就违反了价值原则,不仅少赚了许多利润,还会损伤商品与品牌的价值,不打折又难以使消费者产生一种赚到了的心理平衡。因此,为了不损伤商品价值与利润,我们可以采取一种折中的做法:保证主体商品不降价,但是附赠一些小赠品。比如某品牌电脑,其价格在行业打折风潮中保持坚挺,但是赠送了U盘、鼠标、数据线、音箱、DVD刻录盘、电脑罩等十几样赠品,客户乍看之下觉得综合起来比其他电脑要便宜,而电脑价格不降低也增加了消费者对商品质量的信心。其实,这些赠品的总价值远低于电脑高出的价格。这样一来,既保住了品牌的形象,又保证了利润。在实际销售中,销售人员要学会灵活运用这一技巧进行销售。

小结

利用各种技巧提升产品在客户心中的价值,从而影响到最终产品成交的价格,是销售人员必须掌握的一种销售技巧,这种技巧不但可以提升销售人员推销的成功概率,而且可以直接提高产品所创造的利润点,对于销售人员提升业绩来说是相当有用的。一名优秀的销售人员,要学会让客户了解到产品的价值所在,而不是仅仅告诉客户产品的价格是多少。

面面俱到,着重介绍产品的具体优点

我们必须明白,任何产品都有它的优点和缺点。销售人员在推销的过程中,要尽量去美化优点,淡化缺点,利用不同客户的不同需求,灵活介绍产品。当然这并不意味着我们在销售的过程中要刻意去隐瞒产品的缺点,而是说要重点介绍产品的优点所在,产品的任何一个优点细节都要介绍到位,让客户充分了解产品每一个方面的优点,这样才有利于在客户心中建立产品的优秀形象,才有助于客户最终的签单。

当然，销售人员应该首先发现产品的优点，如果连自己都找不出自己产品的优点，那么还怎么样向客户介绍呢？因此，销售人员应该学会充分地挖掘优点。首先就要熟悉自己推销的产品的优点、缺点、价格策略、技术、品种、规格、宣传促销、竞争产品、替代产品。尤其在客户面前要注意显示对产品非常熟悉。

每一位客户在做出最后购买决定之前，都会有一个重要的问题，那就是：它对我什么好处？客户不是因为你的产品好才买，而最根本的原因，是因为它有好处，能够给自己带来利益才购买。因此，销售人员在说明产品优点的时候，不仅要说明产品的优点功能，更要说明它对客户的好处，即将产品功能转化为客户的利益。在转化的过程中，销售人员要有创意性并要以客户的眼光来看待产品。

（一）突出产品所独有的优点

客户关心的产品质量分类总结起来不外乎以下几点，即功能、质量、售后、品牌、价格。从这些方面总结产品优点的时候，要重点突出人无我有的产品优点。如果你的产品具有的优点是竞争对手所没有的，或者比竞争对手好，销售人员介绍产品时就要着重强调这个优点。例如，销售人员在介绍具有独特车座设计的电动车的鞍座时，可以强调鞍座管，可以说："不但牢固，而且安全，不会夹手，小孩坐在后面，大人不用担心小孩把手伸进鞍座时会被夹伤。"再比如，导购员在介绍电动车磁能电刹车的好处时，可以强调"前后轮同时刹车，可以保证刹车时车子行进轨迹的笔直，刹车的时候不前倾，不甩尾，不侧滑，不侧翻，下雨天、下雪天不容易摔跤。"这样就直接突出了自己产品比其他品牌产品多出来的优秀特性，会给客户留下非常深刻的印象。

作为销售人员，我们必须明白，每一件产品的设计制造，都包含着产品设计人员的思路在里面，针对什么样的客户，实现什么样的功能，都有其设计目的。没有任何一件产品是随意设计出来的。因此，每一件产品都必然有其优点，关键看销售人员如何去挖掘，如何去发现，如何去向客户讲解。

（二）学会转化产品优点

很多情况下，产品对于客户来说，会具有许多不同的功能和效用，而产品的优点对于客户也有着不同的意味。例如，象征地位的效用。在销售高档产品时，要抓住高档产品可以影响使用者的身份地位等特点，可以用"这种产品最适合您的身份和地位"等语言来转化产品优点，从而刺激对方的购买欲。再比如，对于想要购买产品用于休闲娱乐等享受的客户，我们一定要把产品享受的效用如它能听音乐、看影碟、玩游戏、上网、学习等转化为产品的优点，再介绍给客户，这样客户往往更容易接受。

还有，对于那些功能着重于提升工作效率的产品，我们可以重点向客户说明产品提高效率的效用。有了它，可减少您的时间和精力，可把节省的时间用来做其他的工作，或者向客户阐明提升工作效率之后带来的经济利益，等等，这些都是很好的产品优点转化方式。

替代其他产品效用。如，那款产品太贵了，不如您买这款，同样可以满足您的要求。

此外，有些产品可以满足人们的虚荣心，在介绍产品时重点向客户灌输"多花点钱值得"的思想。那些可以为使用者创收的产品，销售人员则要针对客户的心理，结合具体的例子，给客户提供具体的数字，这样可以更加详尽地说明客户在试用该产品之后，可以带来多大的收益。

总而言之，任何产品都对客户有着相当大的潜在利益，所以功能向利益的转化大有潜力。优秀的销售人员，要学会把那些不同的功能特点，针对不同客户的不同需求，转变成不同的产品优点表达出来。如果在介绍产品的时候，只谈产品的功能给客户的冲击力是很小的，而把产品功能转化为个人利益时，才能发挥作用。因此销售人员除了自己完成这种转化外，还要积极帮助客户完成这种产品功能向优点的转化。例如，销售员可把产品的功能按步骤转化为客户的个人利益，首先向客户逐一列出产品的功能，其次，结合客户的实际情况，向客户说明此功能可以为客户做些什么，最后，结合产品的实际作用，向客户说明产品如何有利于试用并如何带来利益。

小结

把产品介绍给客户，是销售人员工作的核心所在，但是，围绕这个核心，结合不同的客户，不同的实际情况，却可以衍生出许多介绍产品的手段和技巧，包括策略上以及语言技巧上，都有许多学问。一名优秀的销售人员，一定要掌握这些技巧，要善于发现产品的优点，不仅包括那些显而易见的，也包括那些潜在的，有可能为客户带来收益的产品优点，甚至是一些产品的不足之处，销售人员都要想办法把它们转化为产品的优势所在。毕竟实际情况是各有不同的，能够做到针对不同客户，能够做到挖掘转化产品的不同特点和优点，是成为优秀销售人员的必备技巧，也是必经之路。

声东击西，谈产品之前先培养点感情

销售人员与客户之间的关系并没有那么简单，如果你上来直接地让客户感知你的产品，那么客户会觉得你的目的性很强，而不愿意购买你的产品，所以说成功的销售经验肯定离不开情感，与客户培养一种感情，这样他会更愿意购买你的产品和服务。

一般来说，学会与客户套近乎是销售人员必须学会的技巧之一。包括打招呼的技巧，聊天的技巧，等等。很多时候，你会发现那些优秀的销售人员通常有一个特点，就是俗称的"自来熟"，他们能跟任何客户聊得来，通常他们并不急于跟客户谈产品的事情，而是东拉西扯地聊上几句，等到跟客户谈起产品的时候，两人俨然已经成为老朋友了，接下来谈产品谈价格都是顺其自然的事情。其实，这种东拉西扯的聊天并不是漫无目的的,而是一种与客户培养感情的技巧,一旦与客户之间培养起了感情,后续的销售工作就会简单得多,因此,那些善于与客户套近乎的销售人员,正是善于把销售简单化的聪明推销员。

很多时候,要想销售成功,就要学会跟客户沟通感情,我们要做到特殊客户特殊对待,根据80/20原则,通常公司的利润80%是由20%的客户创造的,并不是所有的客户对企业都具有同样的价值,有的客户带来了比较高的利润率,有的客户对于企业具有更加长期的战略意义,美国哈佛商业杂志发表的一篇研究报告指出:多次光顾的客户比初次登门的客户可为企业多带来20%~85%的利润。所以善于经营的企业要根据客户本身的价值和利润率来细分客户,并密切关注高价值的客户,保证他们可以获得应得的特殊服务和待遇,使他们成为企业的忠诚客户。

那么,我们应该如何去掌握这种快速与客户培养感情的技巧呢?

(一)销售之外也可以做文章

我们要学会与客户聊些工作和销售以外的话题,并从中寻找与客户的共同点,加深彼此的了解。而在这个过程中,也有一些小技巧是我们需要掌握的。首先要学会赞赏,对客户的经历和成就表示由衷的钦佩和赞赏。其次,对于客户遇到的困难,在我们力所能及的范围内要真诚地提供帮助。而对于我们因个人的原因在工作中产生的疏漏和错误,要勇于承担责任,及时改正,并求得客户谅解。当然,即使是与客户聊天,也不能海阔天空、漫无边际,我们需要注意以下几点。

话题最好是客户感兴趣的内容,不能挑你自己喜欢的内容。既然是与客户套近乎，当然要尽量顺着客户说话，话题上最好让客户来主导。同时，我们要学会积极地引导，最好让客户主动发言，这样我们才有机会了解客户更多的情况。在聊天过程中我们要尽量保持轻松自然的氛围，更不能与客户争吵、争论，轻松愉快的氛围有利于快速与客户建立起感情。还有值得一提的是，与客户聊天培养感情要懂得控制时间，不能因为聊天过于投入，忘了此行的目的，把销售的任务抛到脑后去了，那样聊天也就失去意义了。

（二）培养客户对产品的感情

让客户对产品、生产厂家和销售人员都产生发自内心的感情和信任，是提升客户忠诚度的关键所在。如果拿销售与爱情来做一个类比的话，在许多人的眼中，销售是一种平常甚至有点俗气的行为，而爱情则是一种神圣的感情。如果我们都能够认识到，销售的关键并不是卖东西，而是为客户提供价值以满足他们的需要，那么，销售的行为就很容易与感情联系起来了。

例如，如果对爱情做一个分析，可以总结出来爱情有三个基本的组成部分，即亲密、激情与承诺。亲密是指两个人相处的情况，是一种相互喜欢、互相亲近的感觉；激情是指关系中令人兴奋激动的部分；承诺是指愿意爱对方，并且保持关系、长相厮守的决策。这三个成分的性质很不相同：亲密是脉脉的温情，激情是火一样的冲动，承诺是冷静的思考。试想，假如客户对我们的产品、我们的公司产生了像爱情一样强烈的情感，这种关系的力量将是何等强大？

很多时候，依靠销售人员精彩的讲解和推荐，很容易让客户受到感染，当场决定成交，可见，激发客户的激情是促成第一次销售成功的有效的手段。但是我们也必须认识到：这种高成本换来的激情很难持久，并不一定能够带来客户忠诚。

那么，我们应该如何把激情的客户培养成忠诚的客户呢？这就需要在"亲密"与"承诺"上下功夫。广告与促销能引发客户对产品的注意与购买冲动，真正让客户喜欢产品、对产品爱不释手的还是要靠产品、厂家、商家及销售人员带给客户的价值，优质的质量、卓越的功能和贴心的服务。只有在使用的过程中客户真正感受到该产品物有所值甚至物超所值，客户才会重复购买，并逐渐成为忠实的客户。

在已经与客户达成交易，成功地引发了他们的激情之后，要促成客户的第二次购买，需要新的心理动力。与激情不同，亲密感不可能快速提升，而是需要"润物细无声"，需要长时间的磨合。要靠产品的质量和配套的售后服务；需要真正以客户为中心，细心倾听，准确了解他们的需求，及时把握他们需求的变化，并提供有效的解决方案。此外，要让客户对你有很高的忠诚度，必须让客户感受到你的真诚。只有以真诚的服务赢得客户的信任，才可能有效地强化客户的忠诚。不应该机械地照搬，而是在充分了解客户需求的基础上，灵活运用。而且我们可以试着向客户提供系统化解决方案，不仅仅停留在向客户销售产品层面上，要主动为他们量身定做一套适合的系统化解决方案，在更广范围内关心和支持客户发展，增强客户的购买力，扩大其购买规模，或者和客户共同探讨新的消费途径和消费方式，创造和推动新的需求。

（三）全方位多方面同客户进行感情沟通

当然，与客户之间的感情沟通并不仅限于与客户的当面交流，日常销售中，我们肯定要经常给客户发一些电子邮件，QQ留言，以及手机短信等等，作为日常销售中的产品沟通手段。其实，我们在给客户发邮件以及短信的时候，不一定局限于产品以及商务往来的内容，其实也可以发一些纯粹沟通感情的邮件和短信，例如逢年过节，或者中国传统的节日，以及客户的生日，都可以发一些祝福的内容给客户，即使当时没有需要联络的销售工作，纯粹出于朋友的角度，也是可以跟客户联系的。要知道就是靠着平日里这种不起眼的感情联络，才能让客户在有采购需要的时候第一个想到我们，因此，日常生活中与客户全方位多方面的感情沟通，也是我们销售工作重要的一部分。

小结

与客户沟通，不一定非要一上来就直奔主题，抓住产品不放。可以适当地与客户沟通感情，并借此过程加温与客户之间的感情，从而提高销售订单达成的可能性。即使是有些性格的客户喜欢开门见山，那也不代表他们就讨厌销售人员真诚友好的问候。所以说，与客户谈产品，有时候也要做足产品之外的功夫，中国功夫中有"声东击西"、"隔山打牛"等招式，我们在日常的销售工作中也完全可以借鉴一把。

谆谆善诱，激发客户对产品的了解欲望

销售不应该过于被动，积极的销售才能够获得不错的业绩，如果想要让客户积极地来了解产品，就应该想方设法勾起客户对产品的兴趣，而这种好奇心才会让客户更加主动地来购买。

心理学认为：好奇心是个体遇到新奇事物或处在新的外界条件下所产生的注意、操作、提问的心理倾向。好奇心是一种非常有推动力的人类天性，在销售工作中，销售人员可以适当利用人们的好奇心，从而激发客户想要进一步了解产品的欲望。通常来说，一旦客户对产品产生了好奇心，就会主动进一步地了解产品，对于销售人员来说，这正是向客户详细介绍产品的大好时机。因此，在销售产品时利用一些小技巧激发客户的好奇心，也是一项很重要的销售技巧。

对于客户而言，他们需要的是对产品的价值有一定的了解，而对于销售人员来讲，只有将客户的好奇心彻底地激发出来，才能够完成自己的销售行为。那么，我们应该采用哪些手段去引起客户好奇，从而激发客户对产品的了解欲望呢？

（一）向客户提问

小时候与伙伴做游戏的时候我们就知道，要想获得某人注意力的最简便的方法就是说："猜猜看？"这也是向对方提问题的一个例子，这使

得人们会情不自禁地想，"到底是什么？"我们也可以换一种方式，比如对客户说："我能问个问题吗？"效果也是一样的，你所要询问的对象一般都会回答"好的"，同时他们还会自动设想你会问些什么，这就是人类的天性。在向客户介绍产品的时候，无论是在一开始吸引客户注意的时候，还是在介绍过程中向客户介绍产品特性的过程中，都可以利用这个小技巧来让客户主动了解产品，往往可以起到很好的效果。

（二）不要一次告诉客户全部的产品信息

有不少销售人员非常勤奋地了解产品知识，学习销售技巧，致力于成为客户面前的百科全书，为他们解答一切有关产品的疑问，这无疑是一种好的想法，却不是聪明的想法。因为他们想的只是如何去满足客户的好奇心，却很少想过要努力激起客户的好奇心。他们的看法是自己的价值存在于自己为客户所提供的信息，所以就四处进行拜访，不厌其烦地向客户反复陈述自己的公司和产品的特征以及能给客户带来的利益。这诚然是一种勤奋的销售方法，也会有不错的效果，但是，我们何不尝试更加省力而高效的方法呢？

因为，过快满足客户的好奇心会大大降低他们进一步参与的欲望。不妨试想：如果你所要拜访的客户已经掌握了他们想要了解的所有信息，他们还有什么理由非得见你不可呢？同样，如果客户在跟你的第一次见面中就已经了解了有关产品所有的问题，他们已经拥有了所有自己需要的信息，或者他们从你的陈述中获得了所有必需的信息，就没有必要再进行下一步了，这样的情况往往意味着，要么第一次见面就搞定订单，要么就没有第二次见面的机会了，这对于销售人员来说，显然不是一件好事情。

当然，也有些销售人员并不赞成这种观点。他们认为这么做会破坏销售的完整性，并影响到他们自身的专业形象。这种想法是不够全面的，因为，作为销售人员，一般第一次与一个普通客户交往不可能拥有太多的讲解时间，客户都有各自要忙的事情，何况只是一个初次联系的销售人员，是不可能给我们充分的时间让我们把自己的产品的详细信息完整地讲解给他们听的，所以，事实就是，不管你愿不愿意，你都只能传达部分信息。那么，你是选择提供全部信息满足客户的好奇心，还是只提供部分信息进一步激发他们的好奇心呢？

如果你希望客户和潜在客户主动想要了解更多产品信息，那么不要一开始就把所有产品信息都告诉他们，一定要有所保留，这就意味着你可以在以后提供更多信息，从而激起客户的好奇心。

（三）暗示客户产品的潜在价值

激发客户好奇心的另一个方式就是，在介绍产品的过程中运用暗示的手段，让客户知道产品将会带给他们很大的价值和收益，但是并不直接说明这价值和收益具体会是什么情况。这也是一个很有效果的策略。因为在客户面前晃来晃去的价值就像是诱饵一样使他们想要获得更多的信息。如果客户开口询问，你就达到了主要的目的：成功引起客户好奇，使客户主动邀请你进一步讨论他们的需求和你所能提供的产品和解决方案。这种技巧实际上就是利用技巧性的问题提供部分信息让客户看到产品价值的冰山一角，从而引起客户更大的好奇心。

例如，我们不妨这样通过询问的方式激发客户的好奇心。"如果我们的产品能帮助你节约成本 30%，你有兴趣看一次具体的演示吗？""稍微改进一下，你就可以极大提高投资回报率。你希望我详细说明一下吗？""有客户通过我们的 ERP 系统节省了大量开支，你想知道有多大吗？"事实上，谁不想知道如何省钱、提高产量或投资回报率？随便问上述哪个问题，客户都很自然地想要了解更多情况，这样我们就有了一个愿意给予我们时间和注意力的好奇客户，下一步的产品介绍也就水到渠成了。

同样，我们还可以用这个技巧来确定客户有什么问题，并暗示他我们的产品可以解决他的问题，从而激起他们进一步了解我们产品的欲望。这样的销售技巧如果运用得当，可以让我们的销售工作更加轻松、省力。

小结

在销售的过程中运用技巧，巧妙地激发客户对于产品以及产品服务的好奇心，激发他们对于产品所带来潜在价值的期待和渴望，都会大大节省我们把产品介绍给客户的难度和劳动量，与其滔滔不绝地给客户大讲产品特性却得不到重视，不如直接告诉客户产品带来的收益会有多么巨大，就像抛出一个诱饵，对这个诱饵感兴趣的客户自然会主动产生进一步了解产品的欲望，何乐而不为呢。

05
CHAPTER 5

锦上添花，
把握销售促成技巧

做销售的朋友可能都深有体会，很多时候，销售的前期工作也做了不少，产品从性能到库存都相当给力，而客户那边，来来回回的沟通也都算友好顺畅，基本上心里认为这个客户肯定是要签单的，也就是迟早的事情，然而这可谓是"天时地利"的订单却始终无法落实，感觉始终是良好，气氛也有，就是始终保持在这个状态，销售工作无法取得进一步的突破，一来二去，原本看好的订单也不知不觉化为泡影。这样的局面，表面上看起来，似乎是"煮熟的鸭子飞了"，但实际上仔细分析，还是销售人员的工作没有做到位，鸭子虽然在锅里，但是始终是差了那么一点点火候，终究是没有熟，也就没有入口的机会了。销售工作中，一个订单的达成不仅需要扎实的售前以及售中工作，也需要一点"临门一脚"的销售促成技巧，才能最终确定达成订单。而那些"临门一脚"的销售技巧，对于我们的销售工作来说，无疑是锦上添花，是我们成就销售事业的重点所在。

首要前提：全面了解客户的购买意向

在销售进行的过程中，首先要做的事情，不是盲目地去向客户喋喋不休地宣传自己的产品或者是服务，而是要先了解客户的购买意向。这样，销售人员才能够更有目标和针对性，也才能够让你成为别人眼中的销售高手。

作为销售人员，面对客户，最重要的也是首先要做到的，就是通过沟通交流了解客户的购买意向，这是销售的根本所在。只有在了解了客户的购买意向之后，我们才能做到有的放矢，可以根据客户的购买意向推荐合适的产品，也可以根据客户的购买意向决定应该着重从哪些方面介绍我们的产品。总之客户的购买意向我们了解得越全面，在接下来的销售工作中我们的努力方向就越明确。因此，了解客户购买意向的能力，属于销售人员的基本功，必须把基本功练好，才能有进一步的发展。

对于客户的分析其实就是在帮助自己做好销售工作，很多客户在询问你的产品的同时可能并没有多大的购买意向，那么在这个时候你需要

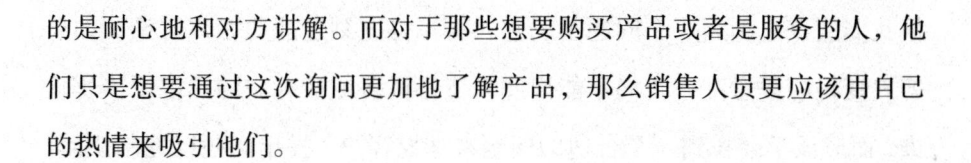

的是耐心地和对方讲解。而对于那些想要购买产品或者是服务的人，他们只是想要通过这次询问更加地了解产品，那么销售人员更应该用自己的热情来吸引他们。

（一）学会如何询问客户

在日常销售中，如果你想更多地了解客户的心理状态，就要学会巧妙地向客户询问，通过对客户的询问，你不仅可以了解到客户内心的想法，而且还可以通过问题引导客户的思维方向。销售从某种意义上来说是一门说服的艺术，但是如果只有说，而没有问，销售就会走进一条死胡同。正确的询问正是引起客户注意、获取相关信息、争取主动权、引导客户思考、进行谈判总结的法宝，是销售取得成功的关键所在。询问是销售人员至关重要的核心技能之一。

我们都知道，询问的本质是一种思考的表现形式，所以，好的问题可以显示出询问者的思考，通过问题的形式、问题的深度、问题的广度、问题涵盖的层次等都可以表明询问者的思考过程和思考模式。同时，问题可以在某种程度上强迫听者思考，无论听者是从广度上回答，还是从深度上回答，还是回答表面的问题，或者听者为了更好地回答问题，发问了一个新的问题，这都是两个人思想的较量。

在销售工作中，询问的作用是在训练销售人员自己思考的同时，赢得潜在客户的积极思考，赢得潜在客户的兴趣、信任和依赖。不管在什么时候，只要客户表达出反对的意见、改变策略或者做一些出乎意料的事，我们应该在第一时间去询问客户。有时候我们会被客户反问，这时候我们应该立刻用一个问题削弱它，而不是立刻迎战与客户辩论。如果客户变得心烦意乱，我们不能因此而变得戒备或被客户的焦虑情绪所感染，而应该学会找到一个合适的问题来掌控客户。提出问题以控制谈话，这会在任何销售情况中给你足够的力量。

（二）几种常用的询问方法

征求式询问。即销售人员为了了解客户的态度，确认他的需求，可以向客户提出问题。比如"您对产品有什么意见？""您的想法？""您认为产品还需要怎么改进？"等等。销售人员应用这种方法向客户询问后，要学会耐心地等待，在客户说话之前不要轻易插话，或者说一些鼓励的话，使客户大胆地表达自己的真实想法，从而告诉你有关的信息。

客户对征求式询问方式大多是乐于接受的。他们一般都能认真思考你提出的问题，告诉你一些有价值的信息。甚至客户还会提出建议，帮助你更好地完成这次销售工作。

目的式询问。这种询问技巧以及目的就是引导客户，在提问的时候就对于客户将要做出的回答进行某种方式上的引导，目的就是令客户的回答符合销售人员预期的或者想要的目的，争取客户的同意。在这种询问方式下，销售人员会先向客户提出一些相关的问题，将客户引到所需解决的问题上，并借客户的回答完成交易。

选项式询问。这种询问方法是指在询问的问题中，通常包含有两个或两个以上的选项，客户须从这些选项中选出一个作为回答。在我们进行销售面谈时，为了提醒、督促客户进行购买，最好采用这种询问方式，

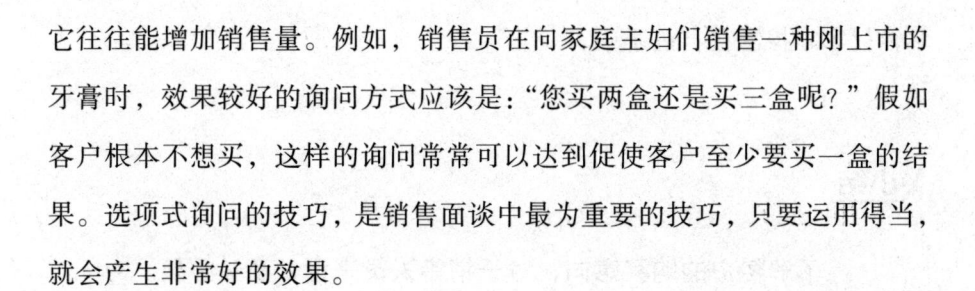

它往往能增加销售量。例如，销售员在向家庭主妇们销售一种刚上市的牙膏时，效果较好的询问方式应该是："您买两盒还是买三盒呢？"假如客户根本不想买，这样的询问常常可以达到促使客户至少要买一盒的结果。选项式询问的技巧，是销售面谈中最为重要的技巧，只要运用得当，就会产生非常好的效果。

（三）把握客户的购买意向

销售工作中，我们经常会发现，客户购买产品往往不是因为产品的所有卖点，而只是因为其中的一两个卖点，有的时候甚至会出现这样的情况：宣传的卖点越多就越容易出现问题。打个比方，销售人员就好比一个医生，客户就好比一个病人，医生先给病人诊断，然后才能给病人开药，而且要对症下药，而不是胡子眉毛一把抓。同样，销售人员要先挖掘找到客户的购买意向，然后根据产品的卖点去满足客户的需求，不了解客户的购买意向就等于医生不知道病人是什么症状一样。

在了解客户的购买意向时，销售人员都知道，客户提出的问题越多，他的购买意向就越强烈。但这要有一个前提，那就是客户提出的是不是真实问题，如果是假问题，那么客户就是在刁难或者敷衍你。所谓的"假问题"就是客户出于敷衍或者拒绝的目的所提出的问题，有的销售人员从来不考虑客户的问题是真是假，只要是问题全部解答，最后被客户的问题所困，陷入被动。当客户给我们提出一些问题时，我们应该有意识地考虑下问题是真的还是假的，他提出这个问题是出于什么目的，如果是真实问题我会为他耐心解答，否则我会避开这个问题，把销售过程的掌控权牢牢控制在自己手中。

小结

　　了解客户的购买意向，对于销售人员来说，至关重要。对于客户的购买意向了解得越全面越具体，对于销售过程的掌控权就越大，越主动。客户的购买意向就好比是销售人员的一面旗帜，所有的销售行为都要以这面旗帜为标准，才能保证销售努力的正确方向。

反客为主，帮助客户挖掘潜在需求

　　很多时候，客户并不十分清楚自己对于产品的需求，以及对于产品需求的程度有多大。因为客户并不像销售人员那样了解产品的详细功能，在使用产品之前，也并不清楚产品将会给自己带来多大的便捷和愉悦体验。

　　可以说客户的需求在很大程度上都是潜在的，有时候可能只是因为某一件事情或者功能无法实现，客户便会将目光投向相关的一些产品，这个过程可以说是略带盲目性的。作为销售人员，一定要清楚这一点，在分析客户需求的时候，不仅仅要做一个旁观者的角色，而是要站在客户的角度上，主动去帮助客户分析自己究竟有着怎样的产品需求，只有做到这样，才能让客户觉得产品服务是周到的，才能让客户真正挑选到能够让自己满意的产品。

很多时候，客户并没有发现自己有购买这种产品的需求，而只是出于好奇才会向营销人员询问。而对于销售人员来讲，千万不要将这看作是一种浪费时间，更不要觉得这是在浪费自己的精力，你应该学会反客为主，帮助客户发现自己的内心需求，让客户主动地来购买你的产品。

（一）让挖掘客户需求成为日常销售的习惯

销售人员是公司直接与客户联系的纽带，也是公司的形象代言人，每天要面对形形色色的客户，并且与客户交流、传递信息、解决问题、收集客户问题，满足客户实际需求是提高客户满意度、忠诚度的首要条件，进而才能增加销量和经营利润。因此，销售人员在日常工作中应尽量多了解客户的实际需求。

作为销售人员，在日常工作中要不断增强服务意识，切实满足客户的实际需求，不能停留在客户有问题就帮助分析等简单的服务形式上，应该从以下几个方面切切实实地开展工作。

首先，要主动与客户沟通，建立紧密合作的客户关系。销售人员应积极主动与客户搞好关系，尽最大努力满足客户需求，真正地把客户作为企业合作的伙伴和市场的根基，使企业与客户更多地体现为合作伙伴关系。

其次，销售人员要积极了解客户所反馈回来的客户需求信息，不仅包括自己搜集到的信息，还要主动了解诸如售后服务等部门所反馈回来的客户需求信息，做到全面了解。

此外，销售人员日常对客户的拜访过程中，应该积极地了解客户需求，必要时可以建立包括零售户的个人志趣、爱好、重要纪念日在内的内容丰富的零售户详细档案，以便有效地与零售户沟通。同时，零售户有困难时，销售人员要竭尽全力地为客户解决问题。

因此，销售人员的服务工作不能流于形式，而应脚踏实地地从小事做起，从实事做起，尽最大努力挖掘客户需求，并帮助客户解决实际问题，创造利润最大化，更好地发挥自己的纽带作用，不断提升客户满意度和忠诚度，这样才能真正了解客户的真实需求。

（二）全方位分析客户的潜在需求

销售人员要学会对于客户各种各样的需求进行分类整理，并且分类分析，从而提高自己工作的效率以及准确度，通常情况下，对于客户的需求，我们可以做如下分类整理。

首先是产品需求，就如同人的基本生存需求需要衣食住行一样，客户的基本需求往往也是与产品有关的，包括产品的功能、性能，以及产品价格，等等，大多数客户的心理都是希望以比较低的价格获得更好的产品和服务，这一点是最基本的，也是销售人员必须明白和牢记的。

其次是客户对产品的服务需求。随着市场发展和竞争的激烈程度不断提升，客户的需求也与时俱进。在与客户合作时，他们不仅仅满足于好的产品和服务，还希望得到精确、及时的技术支持以及更加优秀的解决方案。好的产品加上好的服务承诺并不能让客户完全满意。我们不妨这样想：同样好的产品为什么在不同的客户那里会产生不同的使用效果和收益？同样好的服务承诺为什么有的客户满意，有的客户却不满意？原因就在于：由于产品技术含量和复杂性的提升，导致产品使用效能和收益实现不再仅仅取决于产品的设计、培训服务，还取决于好的产品应用实施方案、及时并有效的技术支持。客户不欢迎，甚至反感那些服务承诺良好、但实际做起来却不能及时有效解决问题的销售人员。

还有就是产品销售背后的关系需求。如果客户认为在他购买了称心如意的产品、享受了周到的服务、得到了愉快的体验的基础上，还能结交朋友、扩大社会关系网，一定会十分高兴。"关系"对一个客户的价值在于：在需要或面临困难时，会得到朋友的帮助和关怀；可以与朋友共同分享和交换信息、知识、资源、思想、关系、快乐等；关系的建立一般会经历较长时间的接触和交流、资源的投入、共同的目标、彼此尊重、相互信任、相互关爱、相互理解、相互依赖、信守诺言等过程或要素，因此，"关系"是客户十分珍视的资源。这也说明，为什么客户愿意与熟悉的销售人员长期交往。实际上，这是客户的关系需求在起作用。

可见，不同行业、不同企业，客户的购买力、购买行为可能各有不同，但是，都不同程度地存在着上述几个层次的需求。我们可以运用上述的分析方法，更准确、清晰地识别、判断我们的客户需求到底在哪一个层次上，从而做到有针对性地规划我们的产品战略、服务战略、客户关系战略等，才能真正挖掘出客户的潜在需求。

小结

　　帮助客户挖掘潜在需求,是一种把被动销售转化为主动销售的高级技巧。掌握了这门技巧,销售人员就会明白,很多时候,客户的潜在需求是多种多样的,是可以引导的,销售的过程最大的乐趣不在于满足客户需求,而在于引导客户需求,挖掘客户需求。这样的销售行为不仅让销售人员站在了主动的位置上,也为客户获取预期以外的更好体验提供了实现的可能性,能够为买卖双方都带来美好的销售体验。

精心梳理,洞悉客户内心的购买动机

　　很多时候你所掌握的购买动机比较闲散,也是比较混乱的,所以在这个时候,你不妨主动地去为客户打开选择的大门,帮助客户细心地梳理自己的购买欲望,最终客户的购买动机会更加的强烈。

　　客户的购买动机是一个与客户需求比较接近的概念,但是实际情况是,客户的购买动机比需求更加复杂,更加难以捉摸。有些时候,我们已经准确掌握了客户的产品需求,但是销售结果却并不如我们想象的满意，其原因就在于我们并未真正把握客户的购买动机。购买动机是一项可以直接导致销售成功的关键因素，可以说，如果不了解客户的购买动机，我们订单的成交就少了一份重要的保险。因此，洞悉客户内心的购买动机，是为订单成功保驾护航的重要技巧。

（一）从客户需求中分析购买动机

作为一名销售人员，应该学会把握客户的不同层次需求，有针对性地进行"立体式"销售。当你了解了客户的内在心理需求后，你就可以真正成为客户的"顾问"，根据客户需求的不同，顺势引导，这样就能够减少客户的反对意见，让客户信任你，愿意听取你的建议。

在与客户沟通的时候，你应该对客户的意见表示尊重，并尽量让客户体会到。了解客户的需求，目的不是让他买东西，而是让他清楚通过什么方式能够满足自己的需求。只有这样，你才能顺理成章地获得客户的配合。我们可以通过以下方法获悉客户的心理需求。

第一，资料挖掘。搜集资料，了解客户过去的产品使用历史、愉快或不愉快的采购经历、兴趣特长及个人梦想，分析其需求。

第二，耐心询问。销售人员应多创造与客户接触的机会，在介绍产品前，应主动地询问客户遇到的问题，并帮助解决。

第三，认真倾听。客户回答和表述中总会包含着对销售有用的信息，你应该听完之后再做解释，不能打断他。你要记住客户说的话，并不时地点头或用简短、易懂的词句表示你认真在听并理解了。对于不清楚的地方，你完全可以礼貌地请客户再讲一遍。

第四，思考总结。客户对产品的了解有一定的局限性，不一定能够准确地表达出他们的真实心理状态，我们所掌握的客户资料也可能比较片面，不能完全反映客户真实的需求。销售人员需要通过思考、分析，找出客户的真正需求。

了解了以上这些需求，我们就能够对客户的各种需求有全面的把握和分析，从中分析出客户真正的购买动机。对于购买动机的分析，只能通过这个途径来进行了解，因为购买动机比购买需求更加复杂多变，有些时候甚至没有规律可循，因此分析客户的购买动机，需要大量的工作以及丰富的销售经验。

（二）有些时候购买动机无法用常理分析

曾经有这样一个有关客户需求和购买动机的实际案例。一位做软件销售的朋友给一家企业销售物流管理系统，用来管理产品的物流以及库存。当时他了解到这个企业的物流管理比较乱，出库、入库虽然说是有单据，但库存数量和实际进出库的数量经常对不上，甚至库管员都不知道他们仓库里有多少东西。物流管理员每天要把各部门的出入库票据进行整理登记。由于生产部门和物料都很多，每天无数的单子让他应接不暇，这位物流管理员每天8小时都在忙乱中度过。销售人员发现这个情况以后，便向这家客户推销物流管理软件。

企业主管的领导和这位销售人员谈过以后，明确表示只要能说服物流管理员使用这套系统，就马上可以购买。销售人员向这位物流管理员演示了这套软件如何录入出入库单据，如何自动登记库存账，如何进行查询等功能，并介绍这套系统将大大减轻物流管理的工作量，能够将物流管理员从繁忙的工作中解脱出来。可物流管理员听完介绍之后，反应令软件销售人员大为意外，他直接拒绝了软件销售人员的销售。

从理论上来说，这家企业从目前来讲确实有这样的需求，销售人员的产品和方案也确实能帮企业提高工作效率并降低物流成本，对企业来讲绝对是好事。可物流管理员为什么不愿意买呢？理论上来说购买需求和购买动机都是成立的呀。

销售人员觉得是他没有给物流管理员讲清楚软件的功能以及带来的实惠，于是他邀请了公司的物流管理顾问亲自给这位管理员讲解了软件的详细工作原理流程以及实现的功能和带来的效率提升。然而结果依然是拒绝购买。销售人员百思不得其解。明明我们的方案对解决企业的物流管理问题有很大的价值，可以提高效率降低成本，能够把物流管理员从每天8小时的工作中解脱出来，仅用2个小时就能完成了，如此效率的提升为何都无法打动物流管理员呢？

直到后来销售人员才得知，原来这家企业管理很细，每个岗位都按工作量和岗位工时考核，按小时发工资，以前这位物流管理员工作8小时，每小时15块钱，工作一天可以挣120块钱。软件上来之后，物流管理岗位工作量就会被重新核定，只需要2个小时，那么物流管理员每天只能拿到30块钱。所以，物流管理员找出各种理由来拒绝软件的销售。我们发现，这位物流管理员最看重的不是"企业是不是效率提高成本降低了"，甚至不是"我的工作是不是轻松简单了"，在她的心目中排在第一位的理由是"我的收入是不是减少了"，这个理由事关她个人利益，是她最首要想到的，是左右她是不是做出决定的最根本的理由，所以她的"购买动机"叫做"收入不降低"。

可见,购买动机要结合具体详细的销售情况来判断,并非简单通过推断就可获得,在实际的销售工作中,我们要明白这一点,才能在洞悉客户购买动机的时候不走弯路。

小结

分析客户购买需求并非难事,但是要洞悉客户的购买动机,却真的不容易,它不仅需要销售人员充分了解客户的购买需求,也要求销售人员对于客户的实际情况有更深一步的了解和掌握,需要更加细致的调查和分析,既不能通过表面观察来获取,也无法通过常理推断来获取,因此,洞悉客户的购买动机,是一件十分具有挑战性的事情,需要销售人员付出极大的努力才能实现。

以人为本,合理运用人脉关系促成订单

美国成功学大师卡耐基曾经这样说过:"专业知识在一个人成功中的作用只占15%,而其余的85%则取决于人脉关系。"人脉关系在销售事业中的影响和重要性可见一斑。如果能够善于处

理人际关系，并且拥有丰厚的人脉资源，那么，在通往成功销售人士的道路上，我们距离成功已经只有一步之遥了。

人脉，从现代一点的角度来说，还有另外一个称谓，即"情商"，销售活动中，我们要学会运用情感的力量去影响客户的购买欲望以及对品牌的忠诚度。作为销售人员，客户选择与你交往与合作，是因为你可以真诚地了解和欣赏他们的价值观和品质，并且真诚地对待他们，帮助他们享受生活和工作。你只有创造一个安全的环境来帮助他们塑造成功原则和模式，通过提供品质优良的产品，周到的服务，制订不断前进的计划，让他们获得真正的振奋和极大的愉悦。这些其实都属于情商的范畴。一个善于运用人脉的销售人员，必定会拥有更多的订单。

销售行为的对象是人，这是无法改变的。所以说就必然要遵循一个最基本的规律，那就是"以人为本"，而这种规律最终是为了能够找到更好的销售出路。为了能够更多地促成订单，那么不妨选用人脉来加大自己的销售力度。

（一）人脉扩展我们的资讯范围

在当今这个信息爆炸的时代，如果我们拥有无限发达的信息，就会拥有无限发展的可能性，可以说，信息获取量直接影响着我们的发展。那么，我们的信息和资讯都来自哪里呢？来自我们的"情报站"，这个情报站就是我们的人脉网络，通常来说，人脉有多广，情报就有多广，这是我们事业无限发展的平台。换句话说，职场人最重要的情报来源是

"人"。对于他们来说,"人的情报"无疑比"铅字情报"重要得多。越是一流的经营人才,越重视这种"人的情报",越能为自己的发展带来方便。在销售的日常竞争中,我们要善于利用这些资讯和消息,因为每一条消息都有可能为我们带来新的订单。

(二)人脉是销售事业的催化剂

我们每一个人都希望自己在销售事业中能够得到一个对我们事业有帮助的"贵人",可以在关键时刻或危难之际拉我们一把。贵人相助确实是我们成功的道路上宝贵的资源,他可以一下子打开我们机遇的窗口,让我们拨云见日,豁然开朗,直接进入成功者的行列;他可以大大缩短我们奋斗的时间,提升我们成功的速度,使我们站在巨人的肩膀。

世界首富比尔·盖茨在他20岁时就签到了第一份合约,淘得了人生的第一桶金,这份合约是跟当时全世界第一电脑公司IBM签的。当时,他还是位在大学读书的学生,没有太多的人脉资源。怎么能一下子获得如此重要的大订单?可能很多人不知道。原来,比尔·盖茨之所以可以签到这份合约,是因为一个中介人——比尔·盖茨的母亲。比尔·盖茨的母亲是IBM的董事会董事,妈妈介绍儿子认识董事长,比尔·盖茨签到IBM这个大单,奠定了他事业成功的第一块基石。

(三)人脉是我们事业发展的资源和资本

一棵小树苗要想长成参天大树,最终成为栋梁之材,必须有粗壮厚实的根系来吸收大地的营养，必须要有充足丰富的枝脉和纤细纵横的叶脉吸收大自然的空气、阳光和雨露。没有叶、没有枝、没有根，也就没有树。根脉、枝脉、叶脉的死亡最终会导致树的死亡。而栋梁之材的形成必须要有根深叶茂的支撑环境。所以说，人脉是一种资源和资本。我们在公司工作最大的收获不只是你赚了多少钱，积累了多少经验，而最重要的是你认识了多少人，结识了多少朋友，积累了多少人脉资源。这种人脉资源不仅对你在公司工作时有用，即使你以后离开了这个公司，它仍然会继续帮助你走向事业的成功。拥有它之后，你知道你在创业过程中一旦遇到什么困难，你该打电话给谁。拥有丰厚的人脉关系，你的最大收获就不只是工资、提成以及职务的升迁，更重要的是你积累起来的人脉资源。它是你终生受用的无形资产和潜在财富。

（四）人脉也需要经营和规划

好的人脉关系不仅需要开发，而且需要维护和规划。我们在制订人脉资源行动计划时，应注意以下几个问题。首先，人脉资源的结构要科学合理。比如，性别结构，年龄结构，行业结构，学历与知识素养结构，高低层次结构，内外结构，现在和未来的结构等。不少经理人的人脉圈子结构太单一、单调，导致了人脉资源的质量不高。比如，有的人只重视公司内部的人脉资源，而忽视了公司外部的人脉资源，造成圈子狭窄，信息闭塞，坐井观天。有的人只重视眼前的现在的人脉资源，而忽视了未来的今后的人脉资源，结果，随着职业和事业的发展以及环境的变化，造成关键时刻人脉资源缺位断档，临时抱佛脚往往效果不好。

同时，我们要明白的是，人脉资源要兼顾职业事业和生活的需要。不能只顾职业的发展，事业的成功，而忽视生活的丰富多彩和应急需求。比如，有的人尽管在你的职业事业上起不到什么作用，但是，他们却是你家长里短、柴米油盐日常生活中的好帮手，你不应该忽视他们。

小结

学会运用人脉关系来争取客户，已经成为销售人员的看家本领。一个善于运用人脉的人，必定拥有非常高的情商，而这一点会带给他更多的人脉。可以说，人脉的积累是一个从无到有并缓慢增长的过程。虽然积累人脉的过程和功夫都在销售之外，但是人脉给我们带来的回报，却都体现在我们的销售工作中，作为销售人员，这一点是我们必须要明白的。

能言善辩，给客户提供更好的解决方案

销售人员离不开流畅的语言表达能力和机敏的反应能力，对于一个销售人员来讲，要想让自己的销售活动变得更加的贴切人心，就应该学会主动地帮助客户获得更好的解决方案，解除客

户内心的疑惑。

作为销售人员，我们必须明白，销售人员的工作就是引导需求，创造需求，然后满足客户的需求。在这个过程中，我们如何去抓住客户的心，是必须要思考的一个问题。很多时候，只靠能言善辩的能力是无法说服客户的，因为客户需要的是实实在在的实惠，因此，我们可以尝试向客户提供更好的问题解决方案，只有真正解决了客户的问题，我们才能给客户一个选择我们产品的充分理由。

（一）为客户创造需求

我们不妨设想一下，过去的社会，人们没有洗发水，没有沐浴露一样洗澡，现在如果没有，显然大家就会觉得非常不方便。过去没有电话、传真、电脑，一样办公，现在没有的话，可能公司正常的运转都无法维持。与其说这些产品是人们创造出来的，不如说这些需求是人们创造出来的。所以说销售人员的工作就是不断地给客户创造需求，而不仅仅是满足需求。因为满足需求是人们的必需用品，如柴米油盐，是人们生活不可缺少的物质，没有这些人类就无法生存，生活。所以这些几乎用不着推销，大家都知道购买。然而有些东西对于人们来说可有可无，如果销售员懂得引导消费者购买，那么他们也许会接受，不引导，不创造他们就会觉得是多余的，因此，推销就是创造需求。

那么我们如何帮助客户创造需求呢？通常来说，创造需求就是打破市场常规，改变消费者生活习惯，让消费者不知不觉接纳你的产品。因此，销售的最高境界就是卖观念。要想客户接纳产品，首先必须让他们接受你的观念。只有人的观念改变，思想改变，行为才会改变。优秀的推销人员不会强调产品的品质，而是强调消费观念。例如：他们在推销产品之前会强调健康意识、环保意识、学习意识、安全意识等消费观念。让消费者多花钱购买更好的产品、更先进的产品、更省钱的产品、更时尚的产品。只要观念被接纳，产品自然就会被接受。

有些业务员之所以推销不了产品，是因为他们没有足够的理由让消费者放弃原来的产品而使用他的产品。他们不知道在客户的使用过程中发现客户的需求。过分强调产品品质不会塑造产品价值。在这个产品同质化的时代，消费者无法相信你的产品比竞争对手的产品更好！所以每个新产品推广的过程都是一个观念导入的过程。创造需求就是告之客户，你们在以往的消费过程中有哪些不足之处，这些不足将会对今后的工作、生活、家庭带来什么影响或危害，所以大家需要换一换，用一种更安全、更健康、更方便、更省钱的产品。

（二）唤起客户的潜在需求

从理论上来分析，需要是人因生理、心理处于某种缺乏状态而形成的一种心理倾向。一个人在产生需要的前提下，最强烈的感觉就是缺什么或期望得到什么。只有通过择取对象，才能弥补缺乏，满足需要。比如说，在口渴的情况下，人们的感受就是身体缺少水，期望得到水，且只有喝上水才能消除这种紧迫的感觉。

人的需要是具有重复性的，不可能一次彻底满足，常常是满足后不久又重新出现。这种重现的需要还带有明显的周期性，如饮食、睡眠、运动等需要。正因为需要重复性的，所以有经验的销售员从不把一次成交当成销售的终结，而是当作下次销售的起点。下面就是一个唤起客户爱的需要而销售成功的例子。

在情人节之前的几天，一位销售员去一个客户家推销化妆品，这位销售员当时并没有意识到再过两天就是情人节。男主人出来接待他，销售员劝男主人给夫人买套化妆品，他似乎对此挺感兴趣，但就是不说买，也不说不买。销售员鼓动了好几次，那人才说："我太太不在家。"这可是一个不太妙的信号，最重要的销售对象缺席，如何继续推销呢？忽然，销售员无意中看见不远处街道拐角的鲜花店，门口有一个招牌上写着："送给情人的礼物——红玫瑰。"这位销售员灵机一动，说道："先生，情人节马上就要到了，不知您是否已经给您太太买了礼物。我想，如果您送一套化妆品给您太太，她一定非常高兴。"

这位先生眼睛一亮。销售员抓住时机又说："每位先生都希望自己的太太是最漂亮的，我想您也不例外。"果然，那位先生笑了，问他多少钱。

"礼物是不计价钱的。"于是一套很贵的化妆品就推销出去了。后来这位销售员如法炮制，成功推销出数套化妆品。

总之，无论销售员可以从一位客户购买产品中获得多少收益，都应该以客户为向导。客户不会为了支持销售员的工作去购买他的产品。他之所以是你的客户，是因为他需要的是销售员所推荐的产品，而不是因为这位销售员需要取得报酬。客户对商品由陌生到认同，需要经过很多的心理权衡。客户的心理倾向也需要销售员的旁敲侧击的心理暗示，在产品竞争越来越激烈的今天，这些技巧都是一个成功的销售人员所必须掌握的。

如今的时代是一个服务的时代，也是一个个性化的时代，产品的功能并不等于产品的价值。客户好才是真的好。因此，销售的关键在于挖掘客户的需求，然后满足他们的需求。当人的需求不断地改变，我们的产品就必须快速更新，重新创造新的需求点。我们要根据客户的背景问题，找到客户的难点问题，然后挖掘他们的需求，从而改变传统的生活或工作习惯。

我们要想成为一个成功的销售员，就一定要善于发现客户内心的需求。未来的销售，更有效的方式是演讲式销售。因为客户本来并没有多大的需求，但是听完演讲以后，他的购买意愿就提升了，所以销售就是创造需求。

小结

很多情况下，客户只是简单地根据自己的需要去寻找解决产品，他们并不具备专业的产品知识。而作为销售人员，完全可以把客户的真实需求以及潜在需求看得更加清楚。可以通过种种手段去影响客户的需求，给客户以更完美的产品体验，让客户明白他们的需要原来可以解决得更加完美。如果我们能够做到这一点，那么就能够成功挖掘出客户的潜在需求，而不是客户要什么，我们提供什么那么简单。而在给客户提供更好的解决方案的同时，我们的销售业绩也在不知不觉中得到了进一步提升。

06
CHAPTER 6

从容应对，
冷静面对客户拒绝

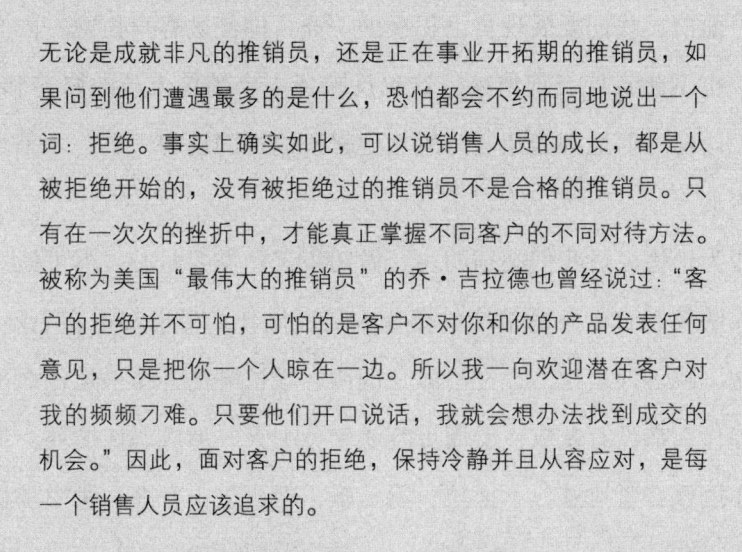

无论是成就非凡的推销员，还是正在事业开拓期的推销员，如果问到他们遭遇最多的是什么，恐怕都会不约而同地说出一个词：拒绝。事实上确实如此，可以说销售人员的成长，都是从被拒绝开始的，没有被拒绝过的推销员不是合格的推销员。只有在一次次的挫折中，才能真正掌握不同客户的不同对待方法。被称为美国"最伟大的推销员"的乔·吉拉德也曾经说过："客户的拒绝并不可怕，可怕的是客户不对你和你的产品发表任何意见，只是把你一个人晾在一边。所以我一向欢迎潜在客户对我的频频刁难。只要他们开口说话，我就会想办法找到成交的机会。"因此，面对客户的拒绝，保持冷静并且从容应对，是每一个销售人员应该追求的。

善于隐藏，客户面前不要展现你的焦虑

一个合格的销售人员，要学会隐藏自己的情绪。面对客户的时候，无论自己的情绪有多繁杂，都要学会用自己脸上的微笑去掩饰。因为在很多时候，情绪都是会互相感染的。

把自己的情绪感染给客户，对于销售成交而言没有任何好处，因此，在客户面前，我们要展现自己积极的一面，即使被客户拒绝，内心无比焦虑，也不能直接表现出来，这也反映了一个销售人员的修养和智慧。一个无论何时何地都能让客户感觉到轻松愉悦的销售人员，才是真正好的销售员。

作为销售人员我们必须明白，做销售工作需要耐心，不可能一蹴而就。无法控制自己急躁情绪的销售人员，做什么事情都不能冷静沉着，他们做事缺乏计划性，经常会颠三倒四、手忙脚乱，结果是什么也没少做，却什么都没有做成，反而更容易着急上火，形成恶性循环。虽然说做工作需要有紧迫感，不拖拉、不延缓，但要急中有细，快中求稳，按

计划一步步地实施，而不是要省略过程，直接追求结果。

那么，我们该如何去控制自己的情绪呢，在销售工作中，我们又应该去避免那些有可能影响自己情绪的问题呢？

（一）心急吃不了热豆腐

在我们进行每次推销之前，一定要放平心态，不能急于求成，不能想着一口气吃成个大胖子，需要一步步走，每一步做好了，成交的结果自然就而来了。从准备、开场、挖掘需求、推荐说明一直到成交，这每一步中都存在着拒绝。但这些拒绝不代表一直都会存在，只要我们保持乐观的心态，准确把握客户的需求，适当地解释清楚，那这些障碍就是暂时的。

往往很多销售人员在推进流程时犯的毛病是，每一步都向客户发出非常强烈的成交信号，在与客户交流时每一句话的目的性都特别明显，就只有成交一个目的，也就是火候未到，就开始起锅上菜，那口味能好吃吗？

我们必须明白：销售每一步的结果不是成交，而是顺利地推进到下一步。如果你这样想，你遭到的拒绝就不会那么多了。

在日常生活中，我们身边有许多急脾气的人，他们做事一向风风火火，推崇数量和效率。但由于急于求成，考虑问题不够仔细、不够周全，因而很容易出现疏漏和错误，同时也给他人造成压力，给别人带来损失甚至伤害。对于销售人员来说，如果过于急躁，也会影响自己的销售业绩。作为销售人员，我们一定要学会心平气和，戒骄戒躁，踏实稳重。

对于销售人员而言，销售工作没有什么捷径，在销售过程中保持平和稳重，不患得患失，才更能够赢得客户的欣赏。正所谓干什么事都得一步一个脚印地走，无论做什么工作，都要明白稳中才能求胜的道理，过于急躁反而会漏洞百出，即使得到一时的利益，也会对长远的发展造成不良的影响。

在销售工作中，抱有急躁心理的销售人员也很常见。很多销售人员在工作时功利心太强，急于求成，总是希望能够尽快和客户签单，一旦客户成交的进度慢了一点，销售人员就开始沉不住气，对客户反复催促，这样不仅容易引起客户的反感，还会对今后的合作产生不好的影响。况且，以这种态度对待客户不仅不正确，而且是不礼貌的。很多时候，客户之所以没有马上签订合约，也许是有着自己的考虑和安排，作为销售人员，应该学会耐心等待，这一方面是对客户的尊敬，另一方面也表现出自己的稳重，同时也会避免在销售过程中出现不必要的错误。

不仅仅是销售，从为人处世的角度来看，急躁不仅不能成事，而且会误事，更有可能会使人因为急于求成而不得，进而走向消极，甚至灰心绝望。毕竟，在销售过程中，不会每次都那么顺利，遇到困难和拒绝是难免的，如果一味求快，只会事与愿违。

（二）销售人员要学会深藏不露

我们常说，机会只留给有准备的人。销售工作中，在接待客户的时候，我们的个人主观判断不要过于强烈，像"一看这个客户就知道不会购买""这客户太刁难，没诚意"等主观意识太强，会导致一些客户的流失；导致对一些意向客户沟通得不够好，使得这些客户到别的销售员那里成交；对客户不够耐心，沟通得不够好，对客户没有及时地追踪导致失去客户等等。还是那句老话，机会只留给有准备的人。很多时候我们要学会控制自己的情绪，对于销售工作中各种状况和突发事件都要做充分的准备，而且要心中有数，表面上不动声色，这样才能在大多数时候都不致陷入被动。

而且我们要学会运用销售技巧。对待有可能成交的客户，他犹豫不决时，我们要保持心态平和，并且耐心想办法与客户沟通交流，此时同事之间可以互相制造购买氛围，适当的销售技巧手段促进客户尽快决定。凡事必须做到心急人不急沉着应战，也许客户就要决定购买了，但是由于一些小小的原因，会让他迟迟不肯签约，这个时候是千万不能着急的，一定要保持冷静平和，因为你表现得越急躁，客户越是表示怀疑。你可以很亲切地问一下客户还有什么需要解决的问题，然后再细心地和他沟通，直到最后签约。当然，在解释的时候，所要表现出来的态度就是沉着、冷静，并且没有太过于期待客户能够成交。

小结

面对客户的拒绝，销售人员一定要注意自己的态度。不可反应过大，应该尽量保持平静，冷静分析原因，告诉自己客户的拒绝是一件很平常的事情。要学会把自己的主观情绪压制下来，不让主观情绪影响自己与客户的沟通，这样不仅能让自己时刻保持冷静不犯错误，也能让客户体会到销售人员的专业和体贴，有助于拉近与客户之间的距离，为最终的成交打下良好基础。

以退为进，留得青山在，不怕没柴烧

很多时候，客户对销售人员的拒绝是很坚决的，也是很彻底的。在这个时候，大部分销售人员会垂头丧气，认为这是客户最直接的拒绝，而在这个时候，销售人员不妨使用战术，选择以退为进的方法，最终很可能会扭转时局。

作为销售人员，在遇到客户拒绝的时候，如何应对，是要讲究策略的。很多时候客户的拒绝理由并不像他们口中所说的那样，而我们在努力挽回起不到应有作用时，不妨试一试兵法中"以退为进"的策略。即认可客户的拒绝，这可以避免与客户无谓的争论和纠缠，有利于我们控制交易气氛。在这个前提下，就有了与客户继续交流的理由和气氛，我们不妨再运用其他技巧探知客户的真实想法，并作出准确应对，这样的处理方法，挽回交易的成功率是相当高的。

俗话说得好，"留得青山在，不怕没柴烧。"而在营销过程中，总会遇到被客户拒绝的时候，这个时候一名合格的销售人员是不会轻易放弃的，也不会表现得心灰意冷，因为他们明白自己可以选择以退为进，说不定会扭转一切。

（一）寻找客户喜欢的话题

在与客户进行沟通时，销售人员不能喜欢什么就说什么，因为客户想听的很可能恰恰不是这些。因此，你必须提前考虑自己的话客户是否愿意听、喜欢听，不然只能是浪费时间、浪费感情，你必须把自己的每一句话都说到对方的心坎上才行。怎样才能把话说到对方心坎上呢？这就要求销售人员学会揣测客户心理的本领，从客户的言谈举止等细节中找出客户的爱好以及感兴趣的话题，这样在与客户沟通的时候就可以引起客户的兴趣，拉近距离。

对于销售人员而言，这是一种很随和的接近客户的方法，遵循的是"先做朋友，再做生意"的原则，先去和客户聊天，和客户做朋友，以朋友的身份引起客户的注意，等有了共同的话题，关系比较融洽时再向客户提出销售的话题进行沟通。这就要求销售人员知识见闻比较广，因为每个客户所感兴趣的方面不同，只有销售人员见多识广，才会比较容易找到客户感兴趣的话题，从而打进聊天接近圈。在一定环境下聊天接近可以消除接近障碍，让客户在无戒备心理下进入状态，有助于销售人员接近某些难以正面接近的客户。

你与别人交谈沟通时，勿忘"投其所好"，请问对方最关心的是什么？你将如何满足他的需要，这样别人才会对你感兴趣，才会喜欢与你交往。对大部分人而言，最有兴趣的话题就是他自己，或者是自己最喜欢的事物，而对别人不感兴趣。如果你想在谈话中引起别人的注意和好感，就必须要谈对方有兴趣的话题。

（二）转移话题控制气氛

某推销员到一家睡袋制造厂谈生意，尽管做了产品展示，客户仍然没有购买的意思。此时，推销员已经失望了，便随便插话说："我前天看报纸，看到有很多年轻人喜欢露营，用的就是贵公司生产的睡袋，不知道是不是真的？"

这时客户忽然对推销员的话表现出极大的兴趣，立刻侃侃而谈："没错，没错，本市所销售的睡袋有50%是我们生产的，而且大多数都被年轻人用来做野外游玩之用，我们的产品那是没话说，质量好，结实耐用，用的都是进口材料，而且价格也不贵……"客户饶有兴趣地讲了差不多半个小时，后来推销员巧妙地将话题引到了公司的产品上。客户询问了一些细节问题后，愉快地在合约上签了字。

很多时候，推销人员和客户见面不到30秒钟就被赶了出来，这在很大程度上是因为推销人员的话根本不能引起客户的半点兴趣。如果你在推销产品的时候，引起了客户的兴趣，你的客户就比较容易接受你的拜访，甚至顺利签约，因为当你们的谈话已经达到老朋友的状态时，相当于是作为朋友的你给对方提出建议，推销就有了90%的成功希望。

在遭遇客户拒绝的时候，我们不妨尝试转移一下话题，不仅可以排解客户在拒绝时的焦虑和烦躁，也有利于重新与客户找到共同话题，缓解沟通气氛，这样起码保证了与客户继续沟通的机会，随后可以再次想办法把话题转移回产品上去。

（三）保留下一次销售机会

如果这次的推销没成功，不要气馁，想好一个新的洽谈突破口，再约好下次见面的日期。我们的销售并不能够百发百中，不可能每次新客户过来都能成交。假设这次没有能够现场销售成功，那么在客户要离开的时候，不妨试着与他约定下次来现场的日期，这样你可以更加了解客户的需求，也可以帮助你确定客户的意向程度。

日常销售中，销售成功概率在30%，而对于初次见面的客户，这个比例会更低。因此，如何对待那些我们没有成交的客户，也是一项重要的销售技巧。可以说，没有成交的客户占我们总客户的大部分，如何保证与这些客户的下一次沟通交流机会，是一项非常重要的工作。正所谓"留得青山在，不怕没柴烧"，那些没有成交的客户就是我们的"青山"所在，重视了这部分客户，就等于保证了我们一大部分的客户来源。

小结

如何对待没有成交的客户，是考验一个销售人员是否成熟的重要标志。善待未成交客户，并保持良好顺畅的沟通途径，对于销售人员而言，是一种境界。达到这种境界的销售员必定对于销售工作有着深刻的体会和理解，也必定会在这种付出中得到客户的回报，所以，作为销售人员，我们一定要牢记"留得青山在,不怕没柴烧"这句话。如果真正做到了,那么,必然会得到应有的回报。

分类对待,对客户进行量体裁衣式服务

客户不分三六九等,但是在销售的过程中,你完全可以根据自己的营销经验将客户分成几大类,尤其是分析客户拒绝你的原因和类型,这样你可以根据不同的拒绝缘由来找到正确的应付技巧,最终做量体裁衣式的服务。

不同性格的客户,不同的销售状况,导致我们被拒绝的理由各不相同,在这个销售竞争白热化的时代,真的是没有什么不可能。我们会碰上各种各样的拒绝理由,但是终究每一次拒绝都有原因,只要我们注意去分析总结,就能够在面对各种拒绝理由的时候做到心中有数,分类对待,具体情况具体对待,这才是一个合格销售人员面对拒绝所应该做的。

那么,在销售的过程中,客户的拒绝分为哪几种呢?根据客户拒绝的不同理由,作为营销人员的你又应该怎么样来应对呢?

（一）本能反应型拒绝

很多时候，客户会在推销人员一开始讲解的时候就选择拒绝。其实这种拒绝并不是拒绝所推销的商品，而是拒绝推销行为本身。我们可以称之为"本能反应型拒绝"。行为科学的研究表明：人类行为的外在表现往往是内在心理活动的结果。按照弗洛伊德的观点，人的原始欲望是"追求快乐"。主要表现为不愿意被他人约束，喜欢按照自己的意愿行事，对外界的强制反其道而行之。"追求快乐"的心理只有经过接受教育以及人生经验的积累之后，才会受到限制。对于一个陌生销售人员的到来，客户本能的反应就是：保护自己，不受他人的支配。通常这样的拒绝并不是真正意义上的拒绝，只要我们耐心地对客户进行说服教育，让他们克服心理上的抵触，就可以顺利进行接下来的销售工作了。

面对这种本能的拒绝，销售人员其实不必去深究，因为许多拒绝可能仅仅是借口，未必就是真正的反对意见或者是拒绝产品。处理这种借口的最好方式就是不去理会它，这样的借口有时候会随着业务洽谈的进行而不知不觉地消失。很多时候，我们越是对这些借口加以反驳，就越是能激发起客户为之辩护的欲望和斗志，这样一来，借口在反驳中越来越壮大，最后变成真正的反对意见，变得不可收拾，无法解决。如果一开始我们就对这些借口轻描淡写，那么这样的借口就自然而然显得软弱无力了。

（二）怀疑型拒绝

怀疑型拒绝并不是拒绝推销行为的本身，而是拒绝推销行为的主体——推销员。人们往往认为，推销的成败取决于产品的优秀程度，这虽然有一定的道理，但是绝不能一概而论。有时候同样好的产品，在不同的销售人员手中会有不同的销售业绩，原因是什么呢？有机构做过统计研究，数据表明，在其他因素相同的情况下，客户只愿意从自己信得过的销售人员那里购买产品。这也体现了获取客户信任的重要性。试想一个掌握了所有销售技巧的小孩子去给客户推销的话，肯定是无法取得好的效果的，因为客户不会把自己的信任随便给予一个小孩子。因此，要想成为一个优秀的推销员，必须要在如何获取客户信任和尊重的方面多下功夫。

客户的怀疑型拒绝往往会给交易的达成造成障碍，但同时也给交易的达成带来机会。因为客户的拒绝往往直接或者间接对推销员有所帮助，通常来说，推销员会把客户拒绝的理由转化成购买的理由。例如，客户拒绝一件产品的理由是，家里房子面积不算大，确实用不上那么大的空调，这时推销人员可以这样回答客户："您这个问题提得好，很多朋友都觉得小一点的空调比较省电，其实大点儿的空调能够使房间温度很快达到设定温度，这时压缩机就可以停止工作，不必像小空调那样压缩机一直在工作，因此小空调未必一定比大空调省电，所以有时候选择稍微大一点儿的空调，其实是很划算的。"推销人员巧妙地用这种方式说服客户，把客户不买的理由转化为买的理由，既没有回避客户的拒绝，又没有正面去反驳，因而既保持了良好的沟通气氛，又相对容易地说服了客户，促成了交易。

（三）无需求型拒绝

有些时候，客户不愿意购买的一个重要原因可能是他们真的不需要销售人员所推销的产品。这种拒绝的本质是对产品本身的拒绝，而不是对于销售人员的拒绝。当然，所谓"不需要"的真实性要具体分析。因为有时候客户很难表达出自己产品是什么样子的。他们有时候自己可能也是一头雾水。推销人员需要敏锐的观察力，或者通过一些问题让客户回答，从而了解客户的需要所在。

任何一种产品都不可能在价格、质量和功能等诸多方面都拥有优势并满足客户的要求，客户出于不了解功能认为自己不需要而拒绝产品，也有其合理性，销售人员如果一味地去反驳，很容易引起客户的反感，如果销售人员把那些可以满足客户的因素加以强调，往往能消除客户的反对意见。例如：产品虽然价格上高了一点点，但是相比同等价位的其他品牌产品，功能上要强许多，在质量上也有许多其他品牌产品无法比拟的优势，因此还是"多花钱买个放心"，这种方法能够使客户心理上得到平衡，有利于排除客户的疑虑，促成交易。

（四）延期型拒绝

有时候客户会利用拖延购买时间的方式来拒绝销售人员。一般来说，当客户提出推迟购买时间的时候，表明他有一定的购买意愿，但这种意愿尚未达到促使他立刻采取购买行动的程度。客户常常会说："这东西我也不急需，不一定非要今天就买，下个月再买不是一样的吗？"对于这种拒绝，我们最好的选择就是让客户意识到立即购买会带来哪些收益，以及延期后买会造成哪些损失。

　　人们对于事情的看法，首先来自自身的判断，其次是尊重同一群体内他人的看法，而最不容易相信的，就是销售人员的推荐；客户总是倾向于认为销售人员免不了自我吹嘘产品的功效和特点。因此，对于客户的拒绝和反对意见，销售人员应该多用实际的例证来说服客户，例如权威机关的证明文件，其他客户使用后发表的看法意见，不同品牌之间的比较数据，等等，都是说服客户的有力证据，这些证据能够诱导客户改变过去的看法，重新认识购买产品有可能给自己带来的收益，有利于客户达到心理上的平衡，并说服自己认识到购买产品的必要性，尽快促成销售。

小结

　　对于客户各种各样的拒绝理由，销售人员要懂得去分辨，去总结，并且分别研究应对方法，逐个击破。只有了解了客户各种拒绝心理并且掌握对应的应对策略，销售人员才能在面对客户拒绝的时候做到处变不惊，胸有成竹。不会被客户的各种拒绝理由弄得手忙脚乱，能够把握客户的各种心理，尽快达成销售。

尽在掌握，始终把握与客户沟通的主控权

只有我们掌握了各种应对客户拒绝的方法和技巧，才能够在销售活动中始终把握与客户之间沟通的主动权，掌握销售的各个环节，控制销售进度。许多时候，我们可以灵活运用策略应对自己在推销中遇到的各种拒绝。这种应对看起来更像是与客户之间的博弈，如何处理好这场博弈，直接影响到最后的成交结果。

日常销售中，在我们同客户沟通的过程中，我们要始终把握住一点，那就是让客户感觉到是他想同我们做生意，而不是我们想同他做生意，当然，这关键要看你与客户在谈判过程中对客户的把握与分析了。所以说，打牌的老手，无论自己拿的是好牌，还是差牌，都会不露声色的。实际销售中，我们的销售新手与老业务员很大的差距就是在心理素质上，因为谁在谈判中掌握主动，谁就可以更好地为下一步准备。对于一个急于想拿到订单，打开业务局面的新人，需要经过很多次与客户的博弈才能做好，而往往因为自己急于做成订单，而让自己处于被动，从而负担很多不该负担的费用，或者说多做自己产品以外的很多功课。

如何在平等互利与公平公正的基础上，同客户谈判，是很多销售人员要学习与锻炼的。因为学会同客户在平等的基础上讨价还价，是同客户长久合作的基础。很多时候，并不是我们一再对客户让步，答应客户的所有要求，就能做成订单的，就算做成了一单，而下一单，也可能因为你没有退路，而无法再满足客户的要求，或者说价格没有退路，而无法合作下去的。实施情况是，一个买家，会在很多销售人员之间游走，

而每个小订单的谈判都是我们必须掌握好的,因为自己能力不足而失去机会,是没有人想看到的。这就需要我们在与客户谈的过程中掌握更多的主动权。

(一)正面应对客户的拒绝

有些时候,我们可以将计就计地利用拒绝,例如对于"没有预算,买不起"的拒绝,可用"所以才要您买这个商品,以增加贵公司的销售额"的方法,若加上其他公司的成功例子更有效。仔细听对方说明,然后逆转地说:"虽说如此,但是却有很多的利用之处哦!"仔细考虑其反对的真意,将反对当做质疑,认真应答。对客户的拒绝,仔细作说明,令其接受。例如对于"因为价格相同",可说明:"我们会尽力做售后服务,请放心。"举出其他同行公司所没有的优点,使其接受。对客户的反对,反问"何故呢?""为什么?"以客户叙说的理由为中心说服之,只是不可以变成逼问的语调。平时便要考虑对应策略,对每个反对理由做准备,别仅限于当时的回答。

(二)初步接触客户如何保持主动权

如何在和客户沟通中保持主动权,这个问题应该说是我们很多销售人员最头痛的问题了,也是最难把握的了,可实际的工作中我们可以说每天都要面对。当我们面对客户时,究竟该如何掌握多一点主动,占据有利的位置同客户沟通呢?在说这个问题之前,我想说一个例子。我们同客户面谈时，如同我们在打麻将或者说打扑克牌，当你看到手中的牌时，你就可以判断出自己有几分胜算，自己有多大的机会了。而对于一个有经验的老手，一副好牌，他可以让自己赢得更精彩，赢得更多，就算是一副很差的牌，他也可以不让自己输得很惨，尽可能地为自己的下次出牌留下机会。平时在工作中，无论是在客户拜访上，还是在客户上门采购，还是在相关的展会上与客户交流，我们都要从打牌中汲取一定的方法与策略。而如何做呢，我想至少要做好如下工作。

首先，拿到牌后，要详细分析自己手中牌的优劣，从而对其他对手判断，也就是说在客户同你面谈前，做好准备工作。

还要注意的一个问题就是，曾经给这个客户报过价没有？这一点很重要，因为在其他渠道上的报价，同客户面谈的报价不同，也导致客户的不满，还有就是：这个客户对你的产品大概会有哪些要求，需不需要相关的证书之类的。如果说在事先清楚的情况下同客户谈判，自己产品做不到的，就会及时同客户说明，可以为双方省去很多时间与麻烦，可能客户会更喜欢你的坦率。

最后要强调的就是，在客户来之前，自己要对客户需要的产品有详尽的了解，才可以给客户满意的答复，也才会让客户对你满意。对于不懂产品的客户，如果你是一个有经验的销售人员，就会按照自己的思路去引导客户，要记住，大家是在做生意，要使他有钱赚，才是他同你合作的基础。产品是关键，但更多的时候，做业务，就是你做人的过程。

小结

在销售过程中，销售人员要正视客户的拒绝，冷静分析各种拒绝的理由，并采取相应的措施，在与客户沟通的初期就要重视主动权的把握问题。只有如此，我们才能在与客户沟通的过程中把握主动权，而不是被客户的拒绝牵着鼻子走。只要我们掌握好应对技巧，处理好客户的拒绝，就能够主导整个销售过程，成功达成销售。

处变不惊，不断总结经验以不变应万变

销售人员的必备素质之一就是能够机敏地应对销售过程中的突变，如果一个销售人员无法应对这些变化，那么最终是无法成就自我销售行为的。既然事情发生变化，那么不妨去巧妙地进行处理。

从事销售工作的朋友常会遇到这种情况，尽管自己说得天花乱坠，把产品演示得淋漓尽致，客户也对此产生了兴趣，但却冷不防来一句"让我考虑考虑"、"我们再研究研究"、"等我考虑好了给你打电话"等

等。这些销售过程中的意外变数会给销售新手带来很大的困扰，因为出乎意料，所以思想上没有任何准备，本以为销售过程很顺利，但是突如其来的变数让自己措手不及。我们如稍不注意或意志薄弱，就会前功尽弃。因此，如何在销售过程出现预料之外的事情时保持冷静并完美处理也就成了推销过程中很重要的一步。

一个具备良好心理素质的销售人员会在突变面前表现得镇定自若，因为他们知道只有镇定的思想才能够帮助自己在最短的时间内想到解决这种变数的办法，才能够让自己想到更好的销售策略，所以说当你的销售环境发生了变化，不妨总结以往经验，以不变应万变。

（一）逐一打消客户心中的顾虑

在销售过程中，客户常常都会用"我先好好考虑考虑"这类的话语。这恐怕是费了一番口舌介绍产品功能以及价格之后销售员最害怕遇到的问题。对于客户这样的问题，最好的处理方法就是对对方说："当然，我很了解您的想法，但我想，如果您还想再考虑，一定因为还有一些疑点您不够确定，我说得对不对？"大部分人应该都会回答："是的，在我做出决定前，还有一些问题我需要再想想。"接下来，你可以这样回答："好的，那么我们不妨现在一起将这些问题列出来讨论一下。"然后仔细聆听客户所提出的疑虑，并逐一记录在心，当客户把所有的疑虑都讲出来之后，我们不妨问客户："先生，如果您提出的问题我都能一一给您满意的答复，是否您就会放心购买这个产品呢？"如果客户回答是肯定的，那么，接下来，你要针对问题为客户一一作出解释和保证。如果他认为自己还不能马上购买，专业的推销员会说："您一定是还有不满意的地方。请把新想到的考虑再列出来，我们一起来处理。"

我们要注意的是，当你逐一回答这些问题时，一定要清楚而明确，在解释清问题后，要先问客户："您对这点满意吗？"或"我们是不是已完全谈到每一个细节？"或"您是不是对这点还有疑惑？"等等，然后再开始解释下一点，直到客户没有问题为止。

这样的方式虽然看似烦琐，但是不可否认，它确实是解决那些心存疑虑客户犹豫不决现象的最好方法，作为销售人员来说，必须掌握这一应对技巧。

（二）帮助客户做出购买决定

任何一位客户，在心里面临一个决定时，都会发生犹豫，更何况是决定一笔买卖的时候。要知道，推销员要促成一笔交易，不但是我们的任务，也是我们对客户的一种责任。事实证明，每逢这个关头，交易能否成功，在相当大的程度上都取决于推销员如何对客户进行诱导。因此，我们须抓住这一关键的时刻。

一般说来，关键的时刻都会产生一个客观的指标，即购买信号。它会通过客户的言谈举止表现出来。一旦发现了这个信号，就要马上诱导，一般都能成功。这些信号包括：询问结账方式送货方式，与其他品牌作比较，询问售后服务情况等等，这些我们在之前的章节中已经有所说明，这里值得提到的是，客户的购买信号有时候会用反面形式表现出来，即拒绝的方式。这大概是因为人的自尊心所致。很多人觉得，如果让推销

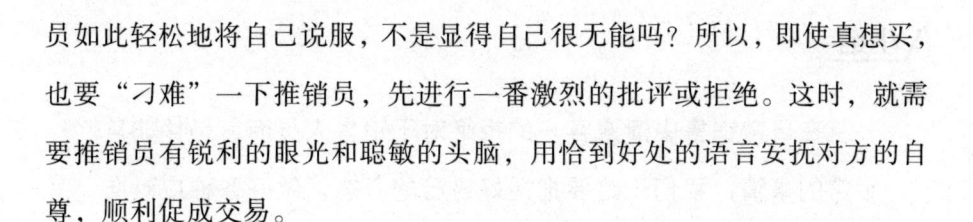

员如此轻松地将自己说服，不是显得自己很无能吗？所以，即使真想买，也要"刁难"一下推销员，先进行一番激烈的批评或拒绝。这时，就需要推销员有锐利的眼光和聪敏的头脑，用恰到好处的语言安抚对方的自尊，顺利促成交易。

（三）准确理解客户的突然拒绝

有些时候，客户会明显地临时找一些理由来拒绝交易，例如"没带钱，钱不够"等等。客户嘴上说"没钱"其实是极富弹性的，很可能是一种借口。实际上，钱变不出来但能凑出来，关键在于客户是否真决定买。正因为钱在买卖当中起着关键作用，所以客户想拒绝时，"没钱"便成了最好的挡箭牌。但这对有经验的推销员来说并不能起多大作用，他照样能让客户掏腰包。针对一些"没钱，买不起"之类的反对意见，你可以这样应对："所以我才劝您用这种商品来赚钱。"或者"所以我才推荐您用这种产品来省钱。"等等。

而对于另外那些临时性的拒绝，必然是客户还有着某种疑虑，导致不愿意立刻确认购买，这时就需要销售人员用心去揣测或者进一步与客户进行沟通交流，找出真正的拒绝理由并加以解决。而不是纠缠在客户具体的拒绝原因上。不妨先绕过客户口中的理由，结合具体情况冷静分析，必然能把握客户的真实想法。

小结

在日常销售中遭遇客户的拒绝对于销售人员而言是件非常平常的事情,我们一定要把握好自己的心态,做好各种应对准备。无论遇到何种突发情况,都要保持冷静,准确判断客户的拒绝理由和心态,从而做出正确的选择,不至于在销售过程中遇到意外而乱了方寸。很多时候,客户临时的拒绝都是有其心理因素的,我们一定要多做总结分析,做到心中有数,才能真正达到在销售中"处变不惊"的境界。

07

CHAPTER 7

一锤定音，把握成交最佳时机

成交是销售永恒的主题，作为销售人员，我们所有的工作和努力都是为了这两个字。但是简单的成交二字实现起来却并不是那么简单，包含着太多的东西。销售的过程是最难掌握的，既是一门学问，又是一门艺术。不同的客户要运用不同的成交方式，抓住不同的成交时机。或者是水到渠成，或者是出其不意，或者是欲擒故纵，或者是反客为主，总会有一种方法能让你把握眼前的客户，牢牢抓住成交机会，关键就在于我们如何去把这些方法找出来并且融会贯通，运用自如。这也是每一位销售人员所不懈追求的东西。

宠辱不惊，成交在望更要保持淡定心态

销售行为其实就是一个过程，既然是一种过程那么必然会有结果，可能会成功，也可能会销售失败，无人购买你的产品，那么不管是销售成功还是失败，都应该保持淡定的心态，用平常心来对待这个结果。

当客户拿起笔将要签单的时候，我们一定要注意，不管是多大的合同，多大的单，最好不要欣喜若狂，有很多大客户经理很久没有开张了，好不容易签了个订单，客户那边开始提笔签字，他在这边就高兴得不得了，像范进中举一样。于是客户那边就犯起了嘀咕："莫非这订单有什么猫腻？"结果本来要落下的笔也迟疑起来……所以，面对成交在望的局面，销售人员一定要沉得住气，避免出现销售成功在即却功亏一篑的情况。

在销售的过程中，需要销售人员具备很强的心理素质，如果没有很好的心理素质，那么最终也是无法实现自己的成功的。如果在失败的时

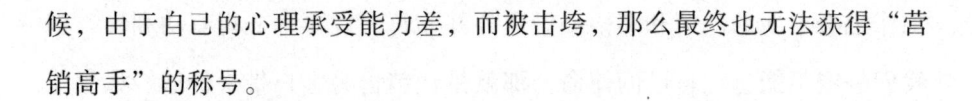

候，由于自己的心理承受能力差，而被击垮，那么最终也无法获得"营销高手"的称号。

（一）销售心态不能过于功利

不可否认，销售的最终目标就是成交，但是对于销售人员而言，过于急切的成交心理会导致其他很多问题，其实销售的价值并不仅仅体现在成交上，而是体现在成交的过程中，真正伟大的推销员并不会单纯地追求成交率，他们的目标往往都很明确，就是希望通过展示自己，得到客户认可，最终能为他们提供产品和服务。

有很多销售人员，太急于推销自己的产品，无论是客户的接待还是对客户的拜访，功利性都很强，都希望在短时间或是少次数的拜访就能成功，其实并不是这样，要知道越是容易进入的客户你越容易丢掉。如果抱着这样的心态去做销售，往往会因为太过于追求成交而在客户有成交意愿的时候表现得非常兴奋，这种心态和表现是销售的大忌，往往会造成即将成交的订单因为客户的怀疑而化为泡影。

曾经有一位销售人员，每天出去跑客户，一个月下来并没有业务，他自己先着急起来，跑去问他的销售前辈：我这么努力，为何没有人与我合作啊？前辈告诉他，你的心态是怎样的？他回答，我觉得我的产品很适合他，为何他就是不用我的呀？

这位销售前辈就告诫他：从明天开始，你不要想到你是卖产品的，你抱着去与客户交朋友的心态试试？

结果，第二个月，这位销售人员的业绩有了突破，他自己对于销售工作也有了新的理解和感悟。做业务并非每一件事都非得有功利性，但我们一定不能忘记自己的使命，那就是让销售为客户带来价值。如果能够抱着这样的心态去销售，那么没有成交的时候，我们依然可以微笑面对客户，而面对确定的订单，我们也不会因为过于兴奋而在客户面表现得不够淡定，这才是销售人员应该追求的境界。

（二）销售人员的心态决定了销售气氛

我们都知道，拘谨的气氛会让人感到不舒服。现在的销售人员都足够热情，但是为什么客户还总是感觉不舒服呢？其实是"陌生感"在作祟。我们要想让客户消费，就得先让他感觉到舒服。这样，他才会把心思用在买产品上。如果一个人处在不舒服的环境里，他是没有什么心思去做事的，更没有心情去购买产品。销售人员要和客户打成一片，给他们创造一个舒适的购物环境。让客户放松的技巧很多。比如，在和客户谈话的时候，销售人员不能只谈产品的卖点，还要谈一些别的。在和客户聊天时，销售人员可以从客户的着装、鞋甚至是配饰角度出发和客户"搭讪"。销售人员可以说，"我觉得您的穿着是属于什么风格的……"有的时候，客户也是很有交流欲的，只是需要销售人员去激发。销售人员在推销产品之前，要先拉近和客户之间的距离。只要客户张口说话了，销售人员就成功了。和人接触，关键是交流，交流得多了，人自然就熟悉了。熟悉了之后，双方就都放松了。在放松的状态下，客户是比较容易愉快的。如此一来，他购买产品的可能也就大了。

正是这种放松的销售心态决定了客户的状态，如果一个销售人员在与客户沟通的时候自始至终都盯着"成交"二字，那么他必然不可能放松地跟客户交流，而客户在这样的压力之下也会觉得双方的沟通很不舒服，可能会更快地选择拒绝或者离开，欲速则不达，也是销售人员应该明白的一个道理。

（三）销售人员要避免"贪婪"

一个优秀的销售人员要剔除自己的"贪婪之心"，这样客户才能和你坦诚相待。如果你以一个"求利"的角色出现，客户就会有戒心。

初入销售行业的人容易犯的一个错误就是过于贪婪，想要一口吃成个胖子，总是希望销售能够如自己所愿。做什么事情都希望顺顺利利，马上做成，对待销售工作也是一样的心理，才上班没几天，便希望马上就能找到客户，接到订单，但往往事与愿违，甚至产品还没有了解透彻，客户问到的很多问题都不知道怎么解释清楚的时候，就希望能够马上成交，抱着这种心态去做销售，是最容易犯下贪婪的错误的。这种心态下，一旦面对客户的成交意愿，必然会无法控制心中的贪婪，一心想着尽快让客户做最终的决定，错误往往都是在这样的心态下铸就的。

平静下来的时候想想，我们许多人不了解，伟大的成就是许多较小的成就不断累积的结果，因而它需要很长的时间去积累和培养，越是面对客户要成交的意愿，就越是要冷静，不要被心中渴求成交的贪念迷惑了理智。成交在望，保持淡定的心态，不仅有利于我们井井有条地安排销售的相关事项和细节，也有利于自己控制销售价格，保证销售利润。

小结

销售工作中，我们不能因为客户已经表示出成交的信号而激动不已，不能自主自己的行为。特别对于刚刚进入销售领域的销售人员。在此阶段由于面部表情和肢体语言所透露出的，也许自己没有意识到的举动，会让客户产生这里面有诈的疑义而反悔。一个自始至终做事情井井有条冷静沉稳的销售人员，会让客户觉得安心，并且有利于未来对于客户的长期维护，做到这些，会在客户心目中建立起我们乃至公司的良好形象，对于销售工作是非常有利的。

不能出圈，牢记那些必须坚持的营销原则

做人的一个重要原则就是"有所为有所不为"，做销售也是如此。无论是法律层面还是道德层面，销售工作中都存在着许多规则和禁忌，既有需要鼓励和坚持的一面，也有需要避免和杜绝的一面。

销售人员一定要像坚持做人原则一样去坚持这些营销原则。因为它

们不仅会影响我们的销售业绩，也会影响我们做人的口碑，甚至关系到我们在法律层面上的声誉和安全。只有做到"有所为有所不为"，我们才能踏踏实实地做销售，做人。

作为销售人员，在日常销售中不可避免地要与客户之间产生一些经济上的利益往来。比如请客户吃饭，娱乐消费以及营销会议等等，都需要直接或者间接的经济投入。有些时候具体的操作是由销售人员把握的，而有些时候，具体的操作则由客户来把握。在这些活动中，作为销售人员一定要把握好利益的处理原则，因为在法律层面上，对于商业贿赂的规定和调查都是非常严格的。例如：折扣，回扣，佣金，附赠，这些概念销售人员都要明确地把握和理解。折扣不如实入账是一种违法行为，但不应该是商业贿赂这种违法行为，而应是违法会计法规和税务法规的违法行为；而回扣必须是在"账外暗中"给予的，所谓账外暗中是指"是指未在依法设立的反映其生产经营活动或者行政事业经费收支的财务账上按照财务会计制度规定明确如实记载，包括不记入财务账、转入其他财务账或者做假账等"。

对于佣金来说，决定一笔佣金是不是商业贿赂的关键不是看它记账与否，而是应该看佣金背后的服务是否真实存在，如果没有相应的服务发生，只是假借佣金之名行商业贿赂之实，即使如实入账了也是商业贿赂。而附赠是在现代商业活动中一种普遍存在的促销手段。为了防止这种促销手段不正当地引诱交易对方，确保公平竞争和保护经营者、消费者的合法权益，许多国家对附赠行为也作了限制性规定。

作为销售人员，在商业活动中一定要严格遵循法律原则，否则，一旦越过法律的界限，很多原本有助于销售的东西都会变成葬送前程的利剑，现实生活中的很多实例值得每一个销售人员引以为戒。

（一）销售如同做人

赫克金法则源于美国营销专家赫克金的一句名言："要想当一名好的销售人员，首先要做一个好人。"这就是赫克金所强调的营销中的诚信法则。专业机构的一项销售人员的调查表明，优秀销售人员的业绩是普通销售人员业绩的300倍的真正原因与长相无关，与年龄大小无关，也跟性格内向外向无关。真正高超的销售技巧是如何做人，如何做一个诚信之人。这个调查结果相信会出乎很多人的意料，因为通常来说销售人员都会觉得销售过程中的推销技巧相对而言是更加重要的一个环节。但是事实证明，销售技巧并不是决定销售成绩的最主要因素，做人的原则才是。

首先在销售过程中一定要诚实守信，在产品上不能欺骗客户。违反诚信法则的人，是不可能在这个行业中生存下去的。美国销售专家齐格拉对此深入分析道：一个能说会道却心术不正的人，能够说服许多客户以高价购买劣质甚至没有用途的产品，但由此产生的却是三个方面的损失：首先是客户损失了钱，也多少丧失了对他的信任感；其次销售人员不但损失了诚实的道德，还可能因这笔一时的收益而失去了成功的推销生涯；而从整个行业来说，损失的则是声望和公众的信赖。

全球知名的DELL电脑曾经在2008年初因为网站对某款产品标价错误，导致以低于正常价格很多的情况接受了很多消费者的订单，后来考虑到完全属于自己公司的内部失误，DELL按照错误的价格兑现了这批订单，虽然蒙受了不小金额的损失，但是赢得了消费者广泛的认可。

"小企业做事，大企业做人"讲的也是同样的道理，要想使大部分客户接受你，坚持诚实守信的准则才是成功的根本。

（二）把握好销售中的"利"字

销售人员在工作中所接触的对象，大多是公司的合作伙伴或者是同公司有关联的社会关系；可以说销售人员的工作是直接以利益为基石，每一项具体工作，都与销售回款和销售指标有关，业务指标，传承着公司利益和合作伙伴的利益。销售人员的工作，"利"字当头，这也是对销售人员最基本的要求。首先，是否时刻把"利"字放在心头，能否销售回款达标，这是考核销售人员的硬指标。第二，能否共赢创"利"，销售人员必须具备的能力是什么？不仅是公司得利，而是争取公司、合作伙伴和个人多方得利，让市场良性发展。第三，是否正当得利？正所谓"君子爱财，取之有道"。销售人员不能为了回款，欺压欺骗合作伙伴，或者以牺牲公司利益，换取暂时的个人利益，然后一拍屁股走人；更不能弄虚作假，吃拿费用，或销售假冒伪劣商品，牟取不正当得利。

与"利"字相对应的销售人员决不能够"见利忘义"，不能忘记做人做事的道德准则。工作的缘故，销售人员会经常外出出差，接受公司的管理相对松散，又面对各种放任自流的机会和利益诱惑，这对销售人员的品格是巨大考验。在面对各种利益诱惑的时候如何把握住自己，也是销售人员所面临的考验之一。

小结

任何一个行业都有它自己的行规，销售也不例外。除了遵守最基本的道德和法律准则，在对待客户以及合作伙伴甚至是竞争对手的时候，都要遵循行业内一些公认的做事原则。俗话说："无规矩不成方圆。"从事销售行业，自然要遵守行业的准则，不管是销售冠军还是初入行的业务员，都不可能例外。

胆大心细，迎难而上成功辨识成交信号

销售人员必须具备勇敢的素质，因为在销售的过程中会出现很多的人和事，而你的销售对象也可能会是不同阶层的人。这个时候，销售人员一定要具备胆量，但是更应该具备做事仔细的内心。

我们在销售过程中，一定要对销售的进度有所把握和掌控，例如客户是否对产品动心，是否有进一步介绍产品的必要，客户是否决定立刻购买产品，对产品有什么不满，是否马上就有可能成交，等等。作为销售人员要想对这些东西做到心中有数，就必须学会搜集并分析销售过程

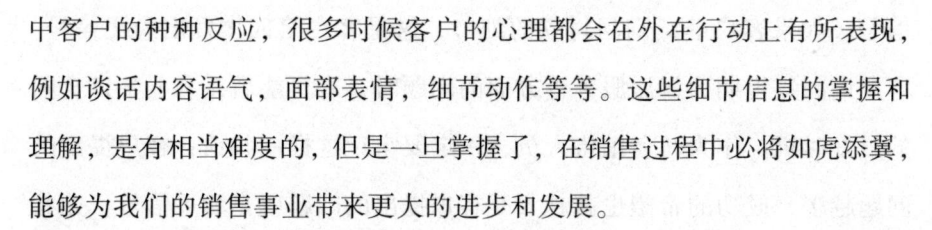

中客户的种种反应，很多时候客户的心理都会在外在行动上有所表现，例如谈话内容语气，面部表情，细节动作等等。这些细节信息的掌握和理解，是有相当难度的，但是一旦掌握了，在销售过程中必将如虎添翼，能够为我们的销售事业带来更大的进步和发展。

在销售的时候，不妨尝试迎难而上的作风，客户会因为你的勇气而对你产生敬佩之情，这样你也就自然而然地实现自己的销售目的。那么作为一名销售人员，应该掌握哪些客户的购买信号呢？

（一）掌握客户的购买信号

销售过程中，客户发出的购买信号是多种多样的，我们一般是从三个方面去识别其购买信号，即语言信号，行动信号和情绪信号。

首先，从语言信号去识别其有没有意向购买。客户提出并开始议论关于产品的使用、附件、使用方法、保养、价格、竞争品等内容时，我们销售员可以认为客户在发出购买信号，至少表明客户开始对产品感兴趣。如客户买空调时，询问空调的细节。客户询问该空调的售后是否包含的细节，这是客户第一次发送出购买的信号。

如果客户不想购买，客户是不会浪费时间询问空调细节的。如果客户继续询问该空调的价格，并且讨价还价，如"价格是否能够有一定折扣"、"有什么优惠？"这种以种种理由要求降低价格的语言，就是他再次发出了购买信号。此时客户已经将产品的利益与其支付能力在进行比较。

如果客户继续询问空调的送货服务细节，这是他第三次发出购买的信号。如果客户继续询问付款的细节，这是客户第四次发出购买信号。客户询问签售期、售后服务等方面的问题时，有可能就是马上签订合同的最好时机。作为一名销售人员，一定要牢记这样一句话：客户提出的问题越多，成功的希望也就越大。客户提出的问题就是购买信号，尤其是客户在听取销售员回答问题时，显示出认真的神情。是更加强烈的购买信号，一定要把握好。

其次，从动作信号去识别其有没有意向购买。一旦客户完成了对产品的认同，就会表现出与销售员介绍产品时，完全不同的动作。如动手试用产品、仔细翻看说明书，主动热情地将销售员介绍给其负责人或其他主管人员。如由原来的动态转为静态，客户突然放下自己手头的活儿，认真听取销售员的介绍。

如客户动作由单方面转为多方面，客户刚开始答应只试用一个产品，现在要求试用全套产品。比如客户忽然变换一种坐姿，下意识地举起茶杯，下意识地摆弄钢笔，眼睛盯着说明书或样品，身体靠近销售员等，又比如客户对销售员的接待态度明显好转，接待档次明显提高等。我们销售员要善于捕捉客户的动作变化，因为这是客户购买心态变化的不自觉外露。如果销售人员能够学会并把握这些动作信息，对于销售工作的帮助是相当大的。

最后就是，从客户的表情信号去识别其有没有意向成交。人的脸面表情不是容易捉摸的，人的眼神有时更难猜测。但是销售员仍可以从客户的面部表情中读出购买信号。如眼神的变化，眼睛转动由慢变快，眼睛发光、神采奕奕；腮部放松；由咬牙深思或托腮变为脸部表情明朗轻松、活泼与友好；情感由冷漠、怀疑、深沉变为自然、大方、随和和亲切。这些都是值得重视的成交信号。

（二）客户的肢体语言很重要

客户总喜欢用肢体语言来表达他们自己对产品的兴趣，这些肢体语言的变化，需要销售员自始至终非常专注，就好比打开的雷达一样，不断地扫描购买信号的出现。这也就是很多"话语不多"的销售员业绩很好的原因，他们一边介绍产品，一边观察客户的变化；因为他们通过询问，获得时间与精力来观察客户"言词语言、肢体语言"的变化，从中捕捉购买信号。

此外，客户心情非常愉快，客户邀请我们销售员喝茶等，都是客户发出的购买信号，此时，销售员技巧性与礼貌性地提出成交要求，一般成交率都会很大。如果客户连续发出购买信号，而销售员无动于衷，那么客户也不再发出购买信号，因为他觉得销售员不识趣。销售无难事，只怕有心人。只要有心去识别客户的购买信号，适时进入达成协议阶段，销售的成功率就会很高。

一般来说，客户们不会直言告诉你他们对你的话能否听得进去，但他们的身体语言会这样做。通过观察人的五个身体语言表达渠道：脸、手臂、手、脚和身体角度，就能知道客户对你提供的信息的接受程度，这是客户的一种表达力，这些程度像交通信号灯一样有三种：绿灯、黄灯和红灯。当你观察到客户的这些信息后，就要开始相应的行动，尽力去了解客户的想法并引领他们转入更加积极的态度。

小结

日常销售工作中，我们要学会辨识各种成交信号，留心客户的每一个细节。因为客户的心理状态正是通过这些细节体现和表达出来的。作为销售人员，不仅要学会与客户充分沟通，更要掌握客户在不同销售阶段所表现出来的细节反应。如果能够做到这一点，我们就能充分把握销售的进度和时机，订单处在什么程度，需要哪些营销手段和策略，都会成为一件简单的事情，自然会做到心中有数。

放大共识，避开那些影响成交的"雷区"

销售工作中，总是会有一些或明或暗的规则在起作用，在与客户交流的过程中，什么该做，什么不该做，无论是企业公司的规章制度，还是行业内部的"潜规则"，我们都需要对这个问题加以重视。

很多时候，销售过程中我们没有做好充分的准备，导致踏入"雷区"，其结果往往是寸步难行，因此，把握全局，明白哪些是不可越界的"雷区"，对于一个销售人员而言，是非常重要的。

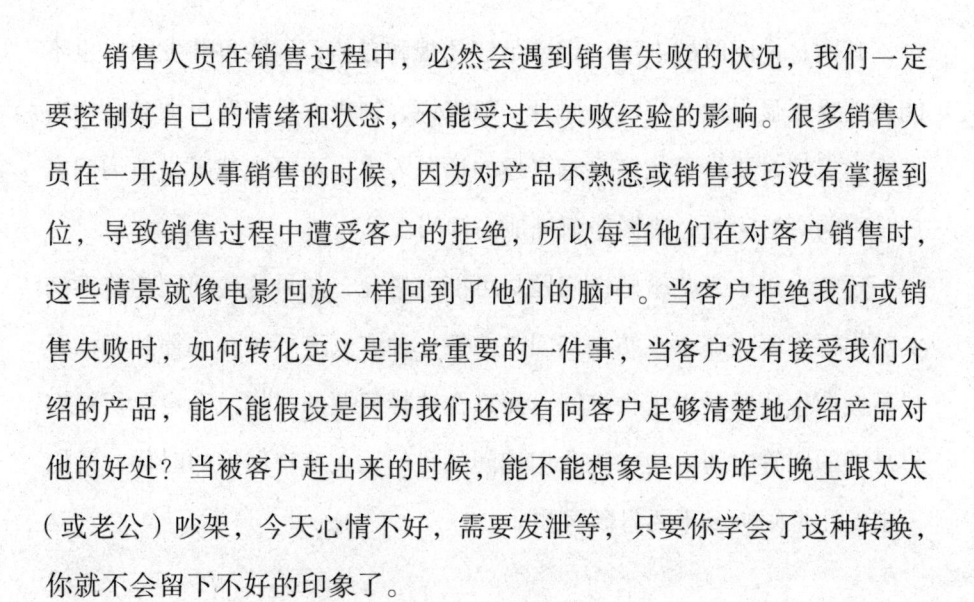

销售人员在销售过程中，必然会遇到销售失败的状况，我们一定要控制好自己的情绪和状态，不能受过去失败经验的影响。很多销售人员在一开始从事销售的时候，因为对产品不熟悉或销售技巧没有掌握到位，导致销售过程中遭受客户的拒绝，所以每当他们在对客户销售时，这些情景就像电影回放一样回到了他们的脑中。当客户拒绝我们或销售失败时，如何转化定义是非常重要的一件事，当客户没有接受我们介绍的产品，能不能假设是因为我们还没有向客户足够清楚地介绍产品对他的好处？当被客户赶出来的时候，能不能想象是因为昨天晚上跟太太（或老公）吵架，今天心情不好，需要发泄等，只要你学会了这种转换，你就不会留下不好的印象了。

（一）避免那些无谓的问题

有时候，无休止的劝说解决不了的问题可以通过巧妙的询问来解决，但是并不是所有人都明白如何利用询问的技巧来获得客户的认同。事实上，经常有客户在听到销售人员对自己的几次询问后就变得厌烦和不快。这是为什么呢？因为这些销售人员忽视了在询问时需要特别注意的一些事项。

首先，在运用询问的技巧说服客户的时候，要保证提出的问题通俗易懂，不要搞一些高深的问题让客户摸不着头脑，导致客户觉得自己没有面子而引起反感。还有，要尽可能地站在客户的立场上询问，不要仅仅围绕着自己的销售目的与客户沟通，目的性太强的问题会让客户一下子就看穿，那就达不到我们引导客户的目的了。

其次，询问时的态度一定要足够礼貌和自信，不能鲁莽发问，也不能畏首畏尾显得没有底气。而且一般来说，销售人员与客户大多是初次见面，提问时要尽量找客户感兴趣的话题入手，不要直截了当地询问客户是否购买的问题，要循序渐进地去询问。

还有，对于某些敏感性问题尽可能地避免，如果这些问题的答案确实对你很重要，那么不妨在询问之前换一种方式进行试探，等到确认客户不会产生反感时再进行询问。而且在选择问题的时候，一定要留给客户足够的回答空间，这才是我们询问的目的，在客户回答的时候，我们一定要注意倾听，不要打断客户。

（二）对于群体客户要分清主次

有这样一则销售故事。一位电暖气推销员为了一笔很大的生意，好几次拜访客户，有时都谈到深夜。一天夜里，当他从客户家的客厅出来走到走廊上时，忽然听到一个老头用冷淡的语气说："说实在的，我不同意购买。前天他来时，看到我连声招呼都不打，根本没有把我放在眼里，为什么我非得掏腰包呢？我活了这么大把年纪，从没用过电暖气，也活得很好。这东西那么贵，我可不想买！"

推销员听到这话大吃一惊，继而恍然大悟，原来这个他前天来时并未正眼瞧的老头，才是真正的购买决策者。他做梦也没想到这就是销售不成功的问题所在。

虽然这只是一个故事，但是完全反映了我们在日常销售中存在的一些问题，例如，有时候我们在进行推销时要面对的不是一个客户，而是一群体，这样的情况在我们针对一些企业单位销售的时候，表现得尤为明显，因为要经过很多流程，需要跟很多负责人打交道，在这个过程中我们如果要做好每一个人的公关，那么工作量和工作成本将是巨大的，因此我们必须分清楚客户群的主次关系，找到关键的重点客户，进行公关，这样的工作才是最有效率的。

销售的目标对象选择是一个很重要的问题。销售人员在销售商品的时候，首先要明确沟通诉求的对象。只有找出了销售的具体对象，才能进一步了解他们在消费中的地位以及心理特征。通俗地讲，要想卖出商品，首先要知道谁最有可能来掏钱购买。例如，在一个家庭中，衣服的采购者大多是妻子或母亲，她们需要购买的不仅是她们自己的衣服，还包括丈夫和孩子的衣服。所以，在某些购买活动中，承担购买任务、挑起花钱重担的很可能都是由一个人来完成的。当然，有一些购买还可能是由家庭成员共同来承担的。

因此，销售人员就要把主要精力集中在家庭中掌握财政大权的人身上。虽然他提供的信息和建议不一定被其他家庭成员采纳，但他的分析处理在很大程度上是其他人做出决定的重要依据。一般来说，这个掌控财政大权的人在家庭中占有较高的地位，对消费的影响力较大。作为销售人员，必须有这种先知先觉的嗅觉，掌控这个人的心理，这对销售将起到极其重要的作用。

小结

销售工作其实与人生一样，会遭遇各种各样的状况，有着各种各样的规则和禁忌，人生的道路上有许多走不通或者会导致你偏离人生方向的道路，我们视之为"雷区"，避之唯恐不及。而销售过程中那些"雷区"，我们同样要去避免，避免那些会影响到销售成功的雷区，避免销售过程中不必要的损失。

雪中送炭，特殊时刻不要忽略救兵的力量

销售工作从来就是一个团队的工作，而不是某一个人的工作，无论是公司内部各个环节对于销售的支持，还是销售过程中同事提供的帮助，都是支持我们销售工作的坚强后盾，此外，在销售过程中如果能够抓住客户的心，取得客户的信任，就必然也能从客户身上取得帮助。

正所谓"得道多助"，如果我们能够善用这些"救兵"的帮助，我们的销售事业必然会如虎添翼，发展得更加顺利。销售工作从来都是团队事业，兵团作战，一个人单凭自己的力量，是无法成就自己的销售梦想的。在如今这个讲究团队合作的时代，销售工作中的个人英雄就像一滴水，一不留神就会蒸发掉，非常脆弱。只有置身于团队这个"大海洋"中，才可能有生存与发展的机会。

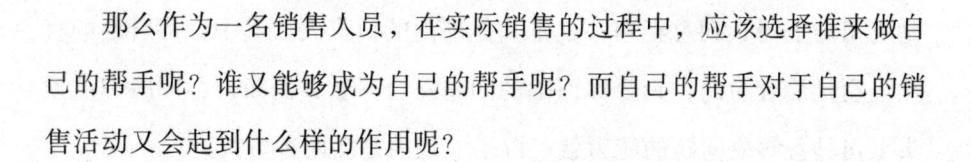

那么作为一名销售人员，在实际销售的过程中，应该选择谁来做自己的帮手呢？谁又能够成为自己的帮手呢？而自己的帮手对于自己的销售活动又会起到什么样的作用呢？

（一）同事不是竞争对手而是救兵

销售人员之间的竞争容易让同事之间的关系变得紧张，甚至会对立，其实，身边的同事在我们销售工作遇到困难的时候，是最好的救兵。例如，当我们给客户打电话的时候，当我们向同事演示销售技巧的时候，同事能告诉你与用户沟通中应该注意什么；当你出门的时候，同事会告诉你今天穿的衣服是否有品位，今天的发型是否合适，今天带的材料是否全面？这家客户还需要准备什么？当你跑了一天业务回来的时候，同事会与你分享你明天的业务开拓计划，当然也包括倾听你的烦恼；当你心情振奋的时候，同事会给你鼓励，帮你鼓舞士气；当你被客户纠缠的时候，同事会和你打配合电话；当你不知道如何搞定客户的时候，同事会帮你去判断，或者做你的替补，轮番上阵搞定客户。

对于销售人员来说，团队的精诚合作精神是非常重要的。不要等着别人主动来帮你，危急时刻，要学会向同事主动提出需要帮助，把同事当做自己的救兵而非竞争对手，是一个销售人员应有的正确态度。而且很多销售人员都有这样的小经验：遇到难缠的客户，实在搞不定的时候，不妨把自己的上司或者主管喊来助阵，往往客户会觉得领导出面接待体现了对他们的重视，会从心理层面更加有利于成交。

通常我们在公司内部要学会搬三种救兵：一是自己的直接上司；二

是上司的上司直到总经理；三是其他部门的负责人。其中，搬自己的直接上司是最容易的，只要你面临的问题符合搬救兵的条件，同时你的顶头上司具备解决问题的能力就可以了。难的是后两种方式。

部门内部的沟通忌讳的是越级，部门之间的沟通讲究职位对等。在部门内部，如果要搬自己上司的上司，一般来说是通过自己的上司去搬，因为越级汇报工作在公司被认为是大忌，如果碰上一个小心眼儿的顶头上司，可能就会自毁前程。作为公司的高层领导，也不喜欢员工越级汇报工作，因为这样会乱了公司的章法。跨部门沟通讲究级别对等。你如果是一个业务员，想搬动另外一个部门的经理，你就要先把问题交给你的主管，由主管汇报给上一级领导，然后再由上一级领导上报给销售总监，由销售总监与部门经理沟通，在他们沟通好以后你才能搬动救兵，这是搬救兵的常用方法。这种方法比较安全，在解决问题的同时不会得罪人，如果问题没有解决也不会有过错，但也存在缺点，就是效率太低。

在销售过程中，如果不能确定依靠你单枪匹马的力量能够顺利实现成交，那就要寻找一些对于实现成交能够起到积极作用的帮手一起与客户洽谈，当然必须明确你与帮手各自的谈判任务是什么。首先就是要寻找最适合本场谈判的帮手，有经验的销售人员都知道，每当你的销售活动进入正式的销售谈判阶段时，通常都意味着客户已经认可了自己对于产品或服务的需求，而且他们对你的公司及产品已经抱有很大的信心。不过，这并不表示只要进入销售谈判阶段，客户就一定会做出购买决定。因为，在谈判过程中，客户总是期望能够得到更多利益，比如更多的服务承诺、更低的产品价格以及在交款方式和期限方面的优惠等等。

面对客户更多的要求以及有关技术或服务等方面的细节问题，仅靠销售人员自己的力量往往很难在谈判过程中有效地控制局面，甚至对于客户提出的某些具体要求销售人员可能没有足够的权力予以满足。所以在这种情形下，销售人员需要寻找一些有用的帮手到谈判桌上。这些人可以帮助自己成功地应对客户提出的各种要求，或者是一些具有更大决策权的人物，或者是对产品更加了解的同事，总之，这些人必定要有益于整场谈判的顺利进行，如果对实现成交起不到积极的推动作用甚至不利于成交的实现，那么还不如销售人员独自应对与客户之间的谈判。

那么，销售人员应该在谈判之前选择哪些人成为自己的有用帮手呢？这需要具体情况具体分析，面对不同需求的客户，对于不同情境下的谈判场景，在谈判的不同时段，销售人员可以选择的帮手往往有着一定区别。总而言之，针对不同的主客观情况，销售人员要尽可能地选择最利于本场谈判顺利进行的帮手，而不要为了迎合客户或者表面上的虚荣而选择那些所谓的"最好"的帮手。

（二）客户也可以成为我们的救兵

客户做决策的时候我们往往都是无法亲临现场的，决策会议的具体过程我们也只能事后通过某些渠道得到些局部的信息。即使我们有机会知道客户决策过程中的真实场景，有时候我们也无法理解客户为什么会做出这样或那样的决策。当然其中离不开客户内部持有不同意见的人之间相互博弈，但支持我们的人为什么会支持，反对我们的人为什么那么坚决地反对呢？客户决策一定是源于某些人的意见的交叉，客户最终的选择是影响决策的每个人的意见综合作用，甚至相互博弈之后的结果。

每个决策人都有决策影响力,因此,那些拥有决策权的客户,我们一定要好好维护。在日常的销售工作中,更要处处留意,寻找客户中那些有决策权的人,并且在销售工作中与他们保持良好的相处氛围,这样,通过这些特殊的客户,我们在遭遇销售危机的时候,不妨尝试更加详细地了解订单情况,并找到相关的客户熟人来充当我们的救兵,等等。

小结

　　从表面上来说,搬救兵的目的是让救兵解决自己所不能解决的重要问题;而从深层意义上讲,销售人员要搬的救兵一般都是职位高于自己的人或者是关系非常好的客户,所以,我们要学会把搬救兵当成向救兵推销自己的一次机会。要做到这一点,在搬救兵之前首先要找到问题产生的原因,以及有可能对公司造成的影响,还要考虑如果不能有效解决的后果及有效解决的方法等。如果你把以上问题与上司进行了全面沟通,他一定会认为你是一个有想法、善于思考的人,而这正是优秀营销人必备的素质。

08
CHAPTER 8

继续扩展，
秒杀之路没有终结

不少销售人员都认为，对于一位客户而言，成交是销售的终结，成交了就等于画上了一个圆满的句号，就万事大吉了，可以跟这位客户说再见了。其实这是一个非常错误的想法，世界知名的推销员都不会把成交看成是销售的终点站，日本销售大王原一平有句名言："成交之后才是销售的开始。"这句话反映了真正优秀的销售人员对于成交的正确看法和态度。其实，成交之后才是考验销售人员的开始，判断一个销售人员是否合格，就要看他是否具备长期维护客户的能力。

回到起点，秒杀不是结局而是崭新开始

每一次的销售成交对于销售人员来说意味着什么？相信不同的销售人员会看到不同的东西，优秀的销售人员，会看到机会，看到继续合作的前景，看到客户身边的人脉和资源，看到与客户之间的交情和友谊。普通的销售人员来讲，看到的则只有结束，在他们眼里，与客户做完生意，就意味着与这位客户的关系结束了，这其实是一种非常错误的想法。

对于已经成交的客户，优秀的销售员一定会想方设法扩大再销售，甚至还会让客户实现间接介绍，这就是一门销售的艺术了。其实，扩大再销售或者实现间接介绍客户，是一种借力使力的销售技巧，它甚至可以产生倍增效应，让我们的销售步入一种良性循环状态，很多销售业绩"井喷"的动力便来源于这种销售技巧，因此，让成交客户扩大再销售或实现间接介绍，便成为很多销售人员追求的境界，但我们要怎么样才能有效做到呢？

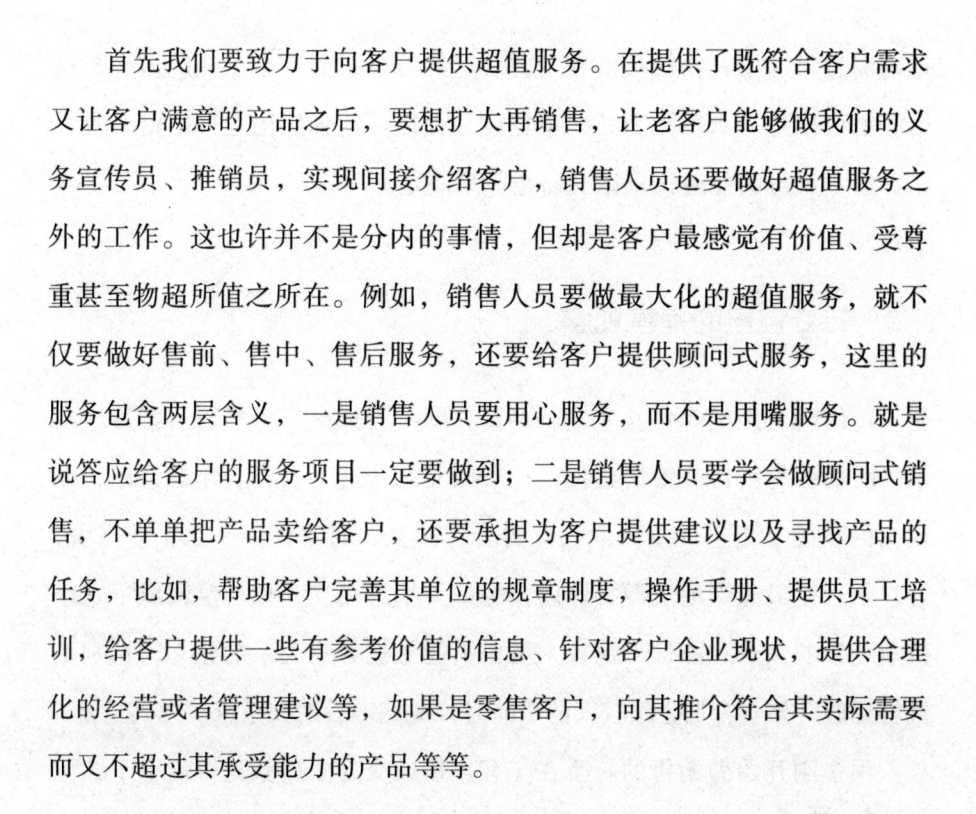

首先我们要致力于向客户提供超值服务。在提供了既符合客户需求又让客户满意的产品之后，要想扩大再销售，让老客户能够做我们的义务宣传员、推销员，实现间接介绍客户，销售人员还要做好超值服务之外的工作。这也许并不是分内的事情，但却是客户最感觉有价值、受尊重甚至物超所值之所在。例如，销售人员要做最大化的超值服务，就不仅要做好售前、售中、售后服务，还要给客户提供顾问式服务，这里的服务包含两层含义，一是销售人员要用心服务，而不是用嘴服务。就是说答应给客户的服务项目一定要做到；二是销售人员要学会做顾问式销售，不单单把产品卖给客户，还要承担为客户提供建议以及寻找产品的任务，比如，帮助客户完善其单位的规章制度、操作手册、提供员工培训，给客户提供一些有参考价值的信息、针对客户企业现状，提供合理化的经营或者管理建议等，如果是零售客户，向其推介符合其实际需要而又不超过其承受能力的产品等等。

（一）销售成交不能"虎头蛇尾"

另外，在我们销售成功拿到订单后还有一个问题，我们是应该立刻离去，还是应该在客户那里再待一会儿呢。这个问题要看客户想不想让你留下，要看具体情况而定。一般来说，销售成功之后销售人员不太适合在客户那里逗留太久，但是，无论对方留你与否，有一点绝对没错：首先站起来道别的应该是销售人员。如果是客户先站起来与你握手，并把你送到门口，那就说明你停留的时间太久，不受客户欢迎了。

与客户的订单成交结束销售之后，你可以送一份礼物给客户以表达你的谢意。这份礼物的关键在于它表达的意思,而不在于钱的多少。这个礼物可以是一盒巧克力、一束花或一顿饭。这种感谢也可以是一种承诺。通常这份谢礼应该根据交易金额来决定。

(二)转变自己的销售观念

传统观念上的销售止于货款两清,即一旦成交,销售行为就宣告结束。而如今的销售却恰恰相反,一次成交意味着下一次合作的开始,在成交的基础上更进一步巩固彼此的合作关系。对于任何一家企业来说,客户永远是最宝贵的资源,所以,客户关系的建立和维护也就成了现今企业竞争的焦点。同样,销售人员也不能忽视客户关系的建立,特别是销售无形产品或者是金额较大的产品时,成交之后的关系维护尤其重要。

很多刚开始做销售的新手在与客户达成交易之后就觉得没事了,可以静静地等待客户的下一个单子,但是往往在之后的等待中就发现问题了,首先就是,客户不回来下单子了,慢慢地这个客户就流失了,甚至失去联系了。再有可能出现的问题就是,客户突然又来了订单,搞得自己措手不及,很多工作都来不及安排,直接影响到服务质量,造成很多不满,而在之后手忙脚乱的安排工作过程中,又出现很多纰漏和错误,进一步给客户造成了不够专业的印象,有可能从此就失去这个客户了。

其实,这样的情况完全是可以避免的。针对客户的具体类型,我们应该做好充分的准备,分类对待。比如,有些大型的集体企业或者工厂,他们的采购往往都是非常大量而且有计划性的。这一点客户可能不会跟我们直说,只能靠我们自己从订单的规律中去总结去发现。一旦这样的客户具备了一定的采购规模，他的订单就会很有规律地源源不断地到来，我们只需要做好相应的时间把握和提前准备就行了。

而假如客户是经销商性质的，那就更不能等了。因为经销商往往更加灵活，他们选择的余地更大，会联系到很多我们同行业的竞争对手，对我们的价格以及付款方式等细节也尤其苛刻，经销商一般规模不会很大，但是人员都非常难伺候，甚至经常不回邮件不接电话。对于经销商来说，如果与之达成了交易，我们最关键的是要在后期协助开发商开发当地的市场，千万不能被动地等待，要让经销商时时刻刻地注意我们。如果在一个地区与好几个经销商成交了，下面要做的就是通过各种手段找出当地有可能使用我们产品的客户，然后交给经销商去开发市场，很多当地的经销商还是相当有能力的，在我们的帮助下不但自身会发展得更好，也会给我们带来源源不断的订单。

小结

俗话说"去时要比来时美"，才能给人以深刻的好印象。就好比一首诗无论开头多么气势磅礴多么精彩，倘若结尾软弱无力，都不会是首好诗。但如果开头平淡无奇，而结尾句余韵无穷、意境深远，却堪称是首好诗。无论是维护什么样类型的客户，都是一门学问，需要我们长时间的摸索和积累，每个客户的特点和个性都不同，何况是各个地方的不同客户呢，只有让客户对我们产生依赖性，充分信任我们，我们才能说真正拥有了这个客户，而不是曾经有过交易的熟人而已。

维系关系，保持沟通拉长线钓大鱼

在与客户沟通的过程中，销售人员不要只是看到眼前的利益，很多时候，你所看到的其实很表面，而一个销售高手却能够学会通过情感，来维系客户，从而钓到更大的订单，这样的方法是可以学习的。

做销售的朋友都知道，开发客户难，维护客户更难。客户成交固然不易，但这好不容易成交之后的客户，如果不懂得去维护，也会很快流失，所以说客户维护也是很重要的，维护做好了，这个客户便成了永久客户，可以达到一劳永逸的效果，做好了客户的维护，除了已有的客户本身，还会通过维护带来那些已有客户介绍来的客户，所以从本质上来说，维护客户其实也是一种开发客户的方法。

销售需要的是技巧，而成功的销售需要的则是手段，作为营销人员的你，想要维系好你的销售关系网，那么在实际的销售过程中，有哪些方面是需要你去注意的呢？并且你又应该实施什么措施呢？

（一）要学会做客户跟踪

对于销售人员而言，通常来说在第一次与客户沟通的时候就已经将每个客户的情况大致了解过一次了，也应该对哪个客户是重点，哪个是次重点，哪个是一般级别的有了一个大概的区分和定位，因此在跟踪客户时也应该按照客户的重点程度来确定自己的工作步骤。

对于那些重点的客户，在进行过初期阶段的开发之后，如果没有进一步的订单销售，一般在几天后可以再进行一次电话拜访或者上门拜访，问问客户是否已收到产品介绍并且对产品有一定的了解，问问客户对我们的产品功能以及价格方面有什么看法等等；如果还是没有得到客户的回应，可以尝试向客户提供更加具体并且有针对性的产品资料等等；如果这样还是没有收到效果，则可以考虑换一种角度去接近客户。

通常我们在跟踪客户的时候，应该实时更新我们的产品目录，有了新产品面世都要及时发给这些潜在客户；另外，在平时都要多注意客户当地的一些情况，比如有了什么节日，发生什么重大的事情等等，这些都可以作为和客户再次联系和沟通的手段。

我们进行客户跟踪的过程有时候会给我们带来惊喜，但是没有带来惊喜的时候，销售人员应该用一颗平常心来对待日常工作中的每一封客户邮件，如何让没有成交的客户成交，如何让客户记得你的产品，如何让那些已经成交过的客户再次购买我们的产品？这些都凝聚在你的每一次客户沟通中，多点耐心和坚持，就会离成功更近！

对于已经成交的客户，说声谢谢不需要花费什么，但却含义深刻，能够给客户留下深刻印象。大多数销售人员不知道在道别后如何感谢客户，这就是为什么他们常常收到客户的退货和得不到更多客户的原因。当销售人员向客户表示真诚感谢时，客户会对我们非常热情，会想方设法给我们以回报，会对我们表示感谢。请看下面的例子："我想对您说声谢谢，我想告诉您，我对您了解并购买我们的产品十分感谢。如果您还需要我做什么，您可以随时给我打电话。"当客户听到这些话时，他就知道他做出了正确的选择,他会对你的友情表示感激。在这种情况下,他怎么会改变主意让你失望呢?

(二)善于利用连锁客户

在一笔订单成交后,我们正确的做法应该是请求客户为我们推荐其他客户,也就是连锁客户,但必须要做的一个步骤是,我们要问清楚客户是否可以利用这些关系。如果我们有礼貌地提出请求,他们总会提供给我们一两个名字;但如果他们不肯,我们不要一味坚持,可以换个时间缓和一下气氛之后再谈。如果我们得到了客户的推荐,我们应该在同一天或第二天拜访这些连锁客户,这样你的现有客户就会感到有义务将这笔交易贯彻到底。因为,他不会在推荐其他人的同时自己却反悔。

还有些客户,他在采购的时候,很多产品的细节需要拉上他们的技术部财务部等同事一起来商量决定,在这个过程中我们就有机会接触到客户公司内部的其他人员,这种情况下我们千万不要觉得过程太烦琐,相反这是一个绝佳的机会,而且跟我们联系的人越多越好,同时,在跟客户邮件往来的时候,我们不妨注意一下客户的邮件都抄送给了哪些人,而我们可以利用这个机会与那些人同样建立邮件联系。这样做的好处有三点:首先是有利于更加深刻全面地了解客户的具体情况。其次,可以跟客户技术部门的同事共同商量产品的技术细节,甚至可以讨论客户产品的研发等内容,在这个过程中可以向他们进一步推荐我们的产品。最后一点就是,跟客户财务部门的同事保持联系可以在公司资金往来方面得到及时的反馈,在安排生产以及发货的环节上做到反应更快捷。

（三）灵活运用多种方式保持客户沟通

在销售工作中，当一个销售订单成交结束之后，接下来的跟进工作很关键，就是要不断地和潜在（有意向）客户不断保持联系，要让他记住我们，在脑海中对我们留下比较深的印象。那么我们应该如何去做呢，通常来说，我们可以通过以下几种途径去跟踪。

首先是电话，在商业行为中，电话终究还是与客户保持跟踪联系的最主要的工具，在我们与客户的一次订单销售结束之后，务必为下一次的电话找到一个尾巴，那么下次在打电话的时候就有了一个很好的切入点。当然，客户一般情况下不可能马上做出再次购买的决定，这个时候，我会跟客户说：您先考虑一下，我明天下午再给你打电话和你沟通，您也可以跟同事商量一下，到时候我再听听您的意见。这个时候就为下一次的打电话留了一个漂亮的借口。

其次是短信联络，短信是除了电话外第二个重要的方式，有的销售人员每个周末都会给所有客户发祝福短信，另外还有公司的产品进展情况，发短信的目的不一定是促成销售，客户现在不买不要紧，那么就让我们时刻保持联系，你记得我就好了，这样一旦客户有了再次购买产品的需求，至少会继续跟我们询价，这样第二次的销售机会就来了。

此外就是网络，如今网络销售大行其道，销售人员当然也要善于利用网络来维系与客户之间的联系。QQ，电子邮件，微博，以及一些专业的贸易销售软件，都是我们可以运用的工具。在与客户进行过一次交易之后，我们完全可以凭借对客户的了解掌握到客户在网络上的这些沟通方式，在之后的工作中我们可以以朋友的方式与客户在网络上保持长期的联系，在如今这个网络时代，有些时候这些网络上的沟通甚至比电话以及拜访都更加有效。

小结

　　维系好与老客户的关系，在某种程度上，是比开发新客户更加省时省力的方式。一个不注重老客户维系的销售人员，必然无法取得好的销售成绩。而那些善于利用老客户宣传口碑以及介绍连锁客户的销售人员，才真正掌握到了销售工作的真谛。因为相对于新客户的开发，老客户的二次开发可以省去打开与客户之间沟通局面的前半部分。因此，作为一名销售人员，一定要重视老客户的维系以及开发利用。

笑对抱怨，不会抱怨的客户不是好客户

　　大多数情况下，销售人员很难做到客户心目中的尽善尽美。总会有客户对产品或服务产生不满和抱怨。客户的抱怨行为是对产品或服务的不满意而引起的，所以抱怨行为其实是一种不满意的具体行为反应。

客户对服务或产品的抱怨就意味着销售人员提供的产品或服务没达到他们的预期、没满足他的需求。也表示客户仍旧对我们的产品具有期待，并且希望我们能够改善服务水平。因此，可以说客户的抱怨对于销售人员和企业来说是一种鞭策和督促，时刻提醒我们要把产品质量和服务质量做得更好。

曾经有机构做过统计，在销售工作中，那些提出抱怨的客户，如果问题获得圆满解决，他们的忠诚度通常会比那些从来没遇到问题的客户要来得高。因此，客户的抱怨并不可怕，可怕的是销售人员不能有效地化解客户的抱怨，并最终导致客户的流失。反过来说，如果没有客户的抱怨，对于销售人员来说，却并不是件好事。有销售专家曾说过这样一段话："与客户之间的关系走下坡路的信号之一就是你再也听不到客户的抱怨了。"

曾有研究结果表明，那些对于所购买的产品或服务持不满态度的客户，提出抱怨但却对经营者处理抱怨的结果感到满意的客户，其忠诚度要比那些感到不满意但却未采取任何行动的客户好得多。具体来说，他们的研究结果显示，提出抱怨但却对经营者的处理感到满意的客户，其二次采购比例达到70%。而那些感到不满意却也没采取任何行动的客户，其二次采购的比例只有36.8%。这一研究结果一方面反映了对客户抱怨的正确处理可以增加客户的忠诚度，可以保护乃至增加经营者的利益。另一方面也反映出这样一个事实：要减少客户的不满意，必须妥善地处理客户的抱怨。

此外还有研究表明，一个客户的抱怨往往代表着另外25个没说出口的客户的心声，对于许多客户来讲，他们心中认为与其抱怨，不如离开或减少与经营者的交易量更加省时省力。这一事实更加显示出了正确、妥善化解客户抱怨的重要意义，只有尽量化解客户的抱怨，才能维持乃至增加客户的忠诚度，保持和提高客户的满意度。

（一）抱怨对于销售人员和企业来说都是好事

我们要想做好销售事业，就离不开客户的抱怨。客户的抱怨表面上让企业员工不好受，实际上是在给企业的经营敲响警钟，在工作的什么地方存在隐患，解除隐患便能赢得更多的客户。同时也保留着忠诚的客户，他们很多都有着"不打不成交"的经历，他们不仅是客户，还是企业的亲密朋友，善意的监视、批评、表扬，表现出他们特别的关注和关心企业的变化。如此看来，客户对不满来抱怨不是极好的事吗？对销售人员和企业来说，确实是求之不得的好事。

如果销售人员能够换一个角度来思考，真正地把客户抱怨当作是一份礼物，那么我们就能充分利用客户的抱怨所传达的信息，把企业的销售事业做大。对企业来讲，客户的不满唾手可得，但作为来自客户及市场方面的资讯提供者，客户的抱怨并没有得到充分利用。其实客户的抱怨是企业改善服务的基础。企业成功必须真诚地欢迎那些提出抱怨的客户，并使客户乐意提出自己宝贵的意见和建议。

（二）如何应对客户的抱怨

只有良好的应对方针并不能从根本上消除客户的不满，积极行动才是关键。企业必须培养高业务素质和高道德素质的销售人员，从而使客户由不满到满意再到惊喜。

第一，我们要学会以良好的态度应对客户的抱怨，保持良好态度是我们处理客户抱怨的前提，然而保持良好态度这件事情却是说起来容易做起来难，它要求企业员工不仅要有坚强的意志还要有牺牲自我的精神去迎合对方，只有这样，才能更好地平息客户的抱怨。

第二，我们要学会了解客户抱怨背后的意愿。应对客户抱怨，首先要做的是了解客户抱怨背后的意愿是什么，这样有助于我们按照客户的意愿去处理问题，这是解决客户抱怨的根本方法。例如，从表面上看，客户提出抱怨说，她们打电话要求公司处理一个简单的问题等了好几天都没回应。而这个抱怨的深层意义是：客户是在警告销售人员，他们下次会去找另一家公司购买同类产品。令人遗憾的是许多销售人员只听到了表面的抱怨，结果因对客户的抱怨处理不当，导致了大量地客户的流失。

第三，积极行动化解客户的抱怨情绪。客户抱怨的目的主要是让销售人员用实际行动来解决问题，而不仅仅是口头上的承诺，如果客户知道你会有所行动自然会放心，当然光嘴上说绝对不行，接下来销售人员得拿出行动来。而且在行动时动作一定要快，这样一来可以让客户感觉到被尊重，二来表示销售人员解决问题的诚意，三来可以防止客户抱怨导致的负面宣传对公司造成重大损失。

第四，客户抱怨往往是因为销售人员提供的产品或服务未能满足客户的需求，客户总认为他们受到了利益的损失。因此，客户抱怨之后，往往会希望得到补偿。即使销售人员给了他们一点补偿，他们也往往会认为这是他们应当得到的，他们因而也不会感激公司。这时，假如客户得到的补偿超出了他们的期望值，那么客户的忠诚度往往会有大幅度提高，而且他们也会到处宣传这件事，我们公司的信誉度也会随之上升。所以，公司处理客户抱怨要遵守的一点就是，尽可能多地去补偿客户。

小结

我们都知道，只有对我们的产品有进一步的了解或者体验之后，客户才会从心理上接受我们，并且拉近与我们之间的距离。所以，当客户对我们表现出他们的不满意之后，我们要做的就是迅速行动起来，询问客户抱怨的真实原因和真实目的是什么，并且在第一时间进行补救，这样的销售员才是真正合格的销售人员。如果销售人员都能够做到这一点，那么我们很快就会发现，原来客户的抱怨可以帮助我们提高销售额。

不断改进，与产品一起稳步提升不断成长

对于销售人员来说，我们如何去了解我们的产品是否能得到客户百分之百的认可？对于厂家来说，如何去了解自己生产的产品是否适应市场的需求？其中其实存在一个产品的反馈机制。客户是使用产品的人，会产生第一手的产品反馈信息，而客户

与厂家之间通常不太可能有直接的反馈渠道，因此，销售机构和销售人员就担负起了构建这个反馈渠道的责任。

每一位销售人员要想全面了解自己的产品，就需要在产品售出之后，及时与客户保持沟通联系，这样才能真正了解到产品在实际使用中的优缺点，并把这些信息反馈给厂家，厂家会根据这个反馈改进产品，改进之后的产品自然会更加受客户的欢迎，从而进一步提升销售人员的销售业绩，这是一个良性的循环，其中重要的一环就是销售人员与客户之间的沟通和反馈。

售后服务是销售中的一部分，因此，不管销售人员怎么做的目的都应该是为下一次销售做准备。如果售后服务做得好，很多客户不仅会再继续使用我们的产品，而且会为我们的产品进行转介绍。售后服务做好后，还会增加客户对自己的信任度，从而在销售产品时少走很多弯路。总之，要想把售后服务做到位，就必须真正站在客户的立场上去为他们考虑。人的心理是不断变化的，为了更加完善售后服务，还要及时了解客户的想法，及时调整自己的服务内容。另外，还要建立良好的售后管理方法，例如把客户的一些资料制成备忘录，便于查阅和管理。

（一）产品的改进源于反馈

在国外，某汽车企业建立了一种了解客户态度的新方法，他们称之为"客户即时反馈"。假如销售人员卖给客户一辆汽车，一个星期后，销售人员会打电话给这位客户，问他"喜不喜欢这辆车？"客户说"喜欢"，他们又问"如果想改进这种汽车应当怎样改进？"客户就会说："我希望车内饰更加细致一些"，或者"我希望后视镜有自动关闭功能……"等等。然后销售人员就会记下这些意见，并转达给工厂，要工厂改进产品。

于是，他们从"客户即时反馈"，发展到"即时改进产品"这就使得他们的产品日新月异，质量不断提高，越来越受到客户的欢迎。因此，作为销售人员，一定要真正关心自己的产品，在销售产品的过程中不妨问一问自己："我是否愿意买这种产品？""我是否愿意让我妻子来买这种产品？"只有当销售人员认为应该让你的妻子和亲属来买你公司的产品时，才说明产品真正是好的产品。而我们关心自己的产品，就是从客户的反馈中去了解。不断地收集客户对于产品的反馈情况，才能全面彻底地了解我们的产品。

（二）不断改进产品有利于提升销售利润

对于产品的销售情况而言，与其说是市场份额，倒不如说是客户份额。公司在地区的战略关键已不是获取更多的新客户，而是如何维持老客户的关系，并争取更多的份额。产品的竞争虽已让市场饱和，但营销策略的推陈出新却让市场变得拥有更多机会，很多营销策略都基于客户对产品的反馈情况，结合客户对产品使用情况的反馈，制定有针对性的营销策略，是提高产品销量的有力手段。

对于企业来说，质量改进其实并不完全是质量经理的工作，实际上产品的质量工作是商业的改进。每一家公司都有足够的潜力通过质量管理来提高企业利润，只是没有找到合适的方法来实现。目前，许多公司已经意识到以利润为导向的运营模式的重要性，通过成本的降低、客户满意度的提高以及效率的提高、公司逐渐全面性地缩短运作周期和提高营业额来实现赢利。其中，提升客户满意度主要依靠对售出产品的反馈信息总结来实现。销售人员要建立一个观念，即持续地改进产品。持续改进产品是提高利润的一个重要手段，质量不仅是质量部门的事，更是带来利润的桥梁。企业的管理层只有以实际行动来参与全面的质量改进，才有可能实现不间断的赢利。这个流程如果把握不好就会失去市场。

（三）学会获取客户的反馈

首先我们要建立搜集客户反馈信息的观念和意识，随时随地都要留意客户对于产品反馈方面的信息。在销售人员的销售过程中，与每个客户的每次接触和服务中都有获取客户反馈的机会。要避免"我们不想打扰客户"的错误认识。如果我们的客户实在很忙，他会委婉地拒绝的。例如如今的大部分银行都实行了一个新的措施，每一次在柜台服务结束后，银行职员都会提醒你通过一个简单的评分器对其服务进行评分。这就是一个搜集客户反馈信息的机制，而且是在每次服务之后立刻收集的，具有非常高的时效性，可以随时根据这些反馈来改进自己的服务。对于销售产品来说，也要学习这种反馈收集机制的时效性，尽可能快地去收集客户对于产品使用情况的反馈。

其次，我们要认识到，对于产品那些好的反馈信息，我们通常比较容易获取到，而对于那些产品的负面反馈，相对不容易获取，我们要灵活运用与客户之间的沟通方式，想方设法让产品的反馈信息更加全面，因为只有如此，我们才能全面把握产品的使用情况，才能提出对于产品有用的改进建议。

还有就是，我们要保证客户反馈产品信息渠道的畅通，可以使用更加灵活更加具体的沟通方式收集客户的反馈。例如除了当面反馈，也可以通过电话、传真、电子邮件、聊天软件等方式，让客户可以在第一时间把想要反馈的信息反馈给我们。保证这个渠道的通畅，是销售人员必须要做到的一点。

（四）收到反馈要及时改进

当我们收到客户表示不满的反馈时，也正是企业组织采取客户保留，提升利润和客户价值的最佳时机。对自己的问题和反馈收到快速、有效响应的客户通常比那些从没有过类似体验的客户更加忠诚也更加满意。快速、有效的响应表示企业和销售人员将客户的满意度关注度作为最重要的任务，致力于减少客户对于自己的反馈是否得到处理或选择何种方案进行处理而等待的时间，这将极大地提升客户的满意度和忠诚度。如果我们收到客户的反馈之后不能做到及时响应和改进，那么客户反馈信息的热情就会丧失，继而会造成客户对于产品的失望，会转而购买其他品牌的产品，这就是客户流失。一旦客户流失，其生命价值中对企业的即时和潜在贡献也同时随之消失了。不满的客户或流失的客户通常都会向同事们抱怨他们的不满，从而对来自新客户的收入和利润产生负面影响，更进一步降低客户生命周期价值并造成对新客户的销售成本上升。

因此，如果我们收集到客户的反馈信息，一定要在第一时间去处理，以最快的速度改进我们的产品和服务，做到了这一点，才表明我们的反馈改进机制是在正常运转，否则的话，只有反馈而没有改进，那么反馈也就失去了反馈的意义。

小结

不管对于销售人员还是对于企业，改进产品都是重中之重。而客户的反馈信息又是改进产品方案依据的重中之重。销售人员不仅要重视客户对于产品使用信息的反馈，也要重视反馈信息的处理以及改进工作的时效性。这样从客户到销售人员再到企业，就保持了一个很高的收集反馈并改进产品的效率，不仅有助于提升客户对产品的满意度，也有利于提高销售人员的销量和利润。

人脉至上，开发客户资料用财富创造财富

对于那些已经成交的客户，我们通常已经掌握了他们的相关资

料，许多销售人员在订单成交之后，就转而去寻找新的客户，老的客户资料通常要么是搁置，要么就流失，这其实是一种极大的浪费。

很多时候，在销售现场，销售人员要善于运用已有的客户资料作为现场销售的证据。如将有影响力的客户照片公示，最好是将他们与我们公司销售人员互动活动的照片公示。如公司所组织的客户联谊会活动。再比如，在客户群体集中的社区或单位，可以将客户意见公示，或张贴客户意见书等。已有的客户资料其实不仅仅用于客户回访，聪明的销售人员会从中开发出新的订单甚至是客户信息，如何利用手中已有的客户资料，对于销售人员而言，也是一种需要学习和掌握的技巧。

当然，作为销售人员的我们也可以利用节假日，想办法把老客户召集到位，或参观，或进行新品展示观摩，或进行产品知识培训，或进行知识比赛等活动，制造人气同时，让新客户参与活动，让新客户体验，你不仅是客户，还是我们的朋友，而且我们的朋友是"会员"制的朋友。他们可以通过了解老客户对产品和企业的态度来进一步加深对我们品牌的印象，这相当于间接地利用老客户来向新客户灌输我们的产品理念，是相当有效的。

（一）做好老客户资料的整理分类

有些公司客户，相当重视老客户资料的保存，用专门的档案柜加以保存，保管得非常好，还加了锁以示重视。殊不知这样的客户资料管理是死管理。客户资料是非常重要的活水资源。必须经常去使用。我们都知道：80%的新客户是由20%的老客户带来的。记录完整实用的客户资料就是开发老客户的资源。要将客户资料进行分类管理。例如，具有影响力与号召力的客户归为一类，安排能力强责任心强的销售人员跟踪管理，要经常保持联系，公司有展会一类的一定要通知这些客户。那些忠诚于我们公司的客户，并且时常产生订单的客户归为另一类客户，也要安排销售人员去跟踪管理，定期保持回访甚至上门拜访等等。其他的客户，可以由专职从事客户售后回访的工作人员经常通过邮件、即时通信工具跟踪管理，及时发现他们的新需求，并且向他们宣传我们公司管理的新动态，推介公司的新产品，争取从他们身上开发更多的订单和客户。

（二）不要放弃那些流失的客户

分析那些流失的老客户，是分析市场需求变化与竞争对手竞争实力最主要的第一手资料。为什么原来对我们公司相对忠诚的某某客户或某群体客户再也没有产生任何订单了呢？是不是竞争对手有新的更好的产品才使他们转向他们那里去了呢？还是客户自身对于产品的需求发生了变化？或者是我们自身沟通不够使客户对我们失去信心？这些都是需要我们去弄清楚的。了解了老客户流失的原因，我们才能有针对性地改进自己的产品或者服务，最大限度地留住他们。

（三）注重各部门之间的客户资料共享

对于企业而言，客户资料资源最好实行资源共享制。它不能只是由销售部门或售后部门单独收集和管理，这也反映了一个企业内部信息管理的水平。销售、售后、信息三大项，前两项都是在信息管理的支配下进行管理的。组织售前决策、部门售中服务、个体售后服务都需要这些信息的支持。专门负责客户资料管理的人员应该要定期或不定期将重要的客户信息管理进行分析，并且向相关职能部门的主管通报。相关部门的主管也要主动到各部门的客户资料管理人员处进行客户资料管理共享。例如售后工作人员通过售后过程了解到的客户信息，应该作为销售人员手中客户信息的补充，及时共享，才能做到对客户资料的全面把握。

（四）重点客户要重点分析

要重点分析与归纳那些具有领导力的老客户，了解他们的领导力和决策力到底有多大。特别是我们原来通过他们拿到过大订单的那些具有相对领导力的老客户。这些老客户如果对我们失去信心，可以说我们的损失是相当巨大的。对于这些老客户的需求，我们能不能跟得上是我们天天都要研究的课题。很多时候，那些具有相对市场领导力的老客户，他们的需求不仅仅是一件产品或者一个订单而已，我们的售后服务是不是能够跟得上他们的新增需求？如产品保养新需求，是否有采用新的保养方法？是否有新的采购计划？在新的采购计划中，他们自身是使用者，还是决策者？还是影响者？这些都要我们通过及时地跟踪了解去确定,然后采取相应的销售措施去开发。

(五)老客户资料整理开发对于企业非常重要

企业要想做好老客户资料的开发和维护,前提是要制定一整套老客户服务体系,建立好客户资料和资源分类标准,老客户不是从天上掉下来的,而是企业长期积累和培养的结果,平常这项工作好像没什么,可是譬如到了行业不景气或者销售淡季的时候,整理老客户资料的作用一下子就显现出来了,通常那些能经受住困难存活下来的企业都是平常有准备的企业。因此,我们一定要明白我们为什么要进行老客户的二次开发,是因为市场环境所致吗?不全是,老客户的开发本身就是销售中的一个重要环节,成功的企业是要培养自己的客户,没有老客户对企业品牌的忠诚度,企业是长不大的。企业和产品品牌能形成磁场效应,能增强老客户的凝聚力,助推企业发展。销售行业的业务压力很大,员工流失比较严重,在工作交接的时候老客户资源是留下来了,可是接手员工都愿意去开发新客户,大部分老客户资源慢慢都成了"死档",即使客服再努力,成效也不大,时间长了,客服的服务也越来越无法吸引老客户了。

所以客户资料的信息,不仅需要有像人事管理资料那样的个人基本信息,还应该要有如产品使用期限信息,售后基本跟踪信息,个人情感交流连续信息,客户职业发展信息,客户个人社会资源信息等等。特别是后两者信息,客户职业发展信息与客户社会资源发展信息,那更是我们公司市场深度开发的潜在金矿。要获得这后面两项信息,从事客户接待或前台服务的人员就要非常留心，善于引导客户自叙这些信息，并且及时记录。客户资料信息记录是可持续的工作，每次客户活动或与我们互动信息都要详细记录，而不仅仅是在成交前后记录客户资料，成交之后售后环节以及反馈环节的客户资料，都需要仔细整理并且加以开发。

小结

老的客户资料之中，不仅有销售人员所必需的人脉，而且可以通过这些客户资料拓展我们在客户中的人脉，通过老客户的人脉去认识更多的潜在客户，发展更多的销售对象。所以我们说，老客户资料对于销售人员来说是一笔财富，而且是一笔可以创造财富的财富，我们一定要好好把握，加以利用，通过老客户的维护去扩展我们新的销售业绩。